# Reiten für Einsteiger

Ratgeber für Reiter

Herausgegeben von Ludger Beerbaum

Sibylle Luise Binder
Gefion Wolf

# Reiten für Einsteiger

FALKEN

# INHALT

# VORWORT

*Jubel von Ludger Beerbaum und Sprehe Ratina Z nach dem Sieg des Mannschaftsgoldes in Atlanta 1996*

## Von Ludger Beerbaum

Schon wieder eine Reitlehre?? Ja, schon wieder! Zwar basiert das, was wir in der Reiterei zu „lehren" haben, auf den noch immer gültigen Theorien der alten Reitmeister, aber die Erwartungen derer, die reiten lernen wollen, haben sich geändert. Reitanfänger möchten sich nicht mehr von vorneherein festlegen, ob klassisch in der Tradition der alten Preußen oder eventuell doch lieber in der lockereren Atmosphäre der Freizeitreiter – es gibt zahlreiche Alternativen zur klassisch-englischen Schulreiterei.

Daneben hat das Reiten seinen elitären Charakter verloren und ist mittlerweile fast zum Breitensport geworden. Die Freizeitreiter tun es „zum Spaß" , und sie wollen diesen Spaß selbstverständlich auch in der Ausbildung erleben.

Die Reitausbildung hat sich daher in den letzten Jahren deutlich verändert. Trotzdem setzen so gut wie alle Standardwerke die Fähigkeit zum vollständigen Ausbilden von Pferden zum Endpunkt ihrer Lehre, wobei dieses Ziel überholt ist. Denn die meisten Freizeitreiter, die heute Reiten lernen, werden es nie erreichen und wollen es auch gar nicht mehr. Sie haben andere Dinge im Sinn. Ihr vorrangiges Ziel heißt Sicherheit im Sattel, Wohlfühlen, einen guten Kontakt zum Pferd haben, im Gelände reiten und – auf ihr meist vom Profi ausgebildetes Pferd bezogen – nachreiten, ohne etwas wegzureiten.

Doch Reitanfänger, die mit diesem Vorhaben nach entsprechender Literatur suchen, geraten zu 90 Prozent an Ratgeber, die den Anfänger nicht nur überfordern, sondern sie bekommen auch ihren speziellen Anspruch nicht erfüllt.

„Reiten für Einsteiger“ schließt diese Lücke und gibt Ihnen wertvolle Entscheidungshilfen zu der Frage „Warum, wie und wo will ich reiten lernen?“. Erfahren Sie alles Wesentliche über die Psychologie, die artgerechte Haltung und die Erziehung der Pferde und nicht zuletzt, wie der Mensch zum Reiter wird und was er dafür alles braucht und lernen muß.

Am Ende dieser etwas anderen Reitlehre werden Sie bestens für wundervolle Ausflüge ins Gelände wie aber auch für die ersten reiterlichen Prüfungen gerüstet sein und wissen endlich, was der Reitlehrer meint, wenn's heißt: „Kreuz anziehen“, „Absätze tief“ oder was es mit dem „Schenkelweichen“ auf sich hat.

Das Buch richtet sich an drei Gruppen von Menschen:

- an die, die reiten lernen wollen,
- an diejenigen, die noch überlegen, ob und wie sie reiten lernen wollen sowie
- an die, die sich im Reitunterricht bisher allein gelassen fühlten und nach Hilfe suchen.

Sibylle Luise Binder und Gefion Wolf haben ihre eigenen Anfänge nicht vergessen: Sie wissen neben aller notwendigen Theorie in amüsanter Weise von malträtierten Hosenböden und hinterhältigem Muskelkater zu berichten. Sie kennen noch gut die Situationen, wo das liebste Pferd aller Pferde seinen eigenen Kopf durchsetzte – erzählen vom Bauchweh vor dem ersten Ausritt und dem Nahkampf mit der Ausrüstung.

Mit Hilfe dieser Reitlehre sollten Sie immer fest im Sattel sitzen und hoffentlich selbst genauso viel Freude am Umgang mit den Pferden erhalten wie ich ihn habe.

Ihr Ludger Beerbaum

***Ludger Beerbaum auf Rush On***

# REITEN LERNEN? JA, WIE HÄTTEN SIE'S DENN GERNE?

Früher war's einfacher: Wer von der Idee befallen wurde, reiten lernen zu wollen, zählte sein Kleingeld und marschierte in den Tattersall. Dort traf er dann meist auf einen ehemaligen Kavallerieunteroffizier, der ihn an die Longe nahm und ihm in bestem Kavallerieausbilderton beibrachte, wie man im Sattel sitzt. Diese Ausbildung war wahrscheinlich kein reines Vergnügen, aber es gab eben keine Alternative.

Heute haben wir Alternativen, und so stellt sich vor dem Reitenlernen die Frage: Warum wollen Sie denn? Daraus ergibt sich nämlich das „Wie". Nehmen wir mal an, Sie träumen davon, in Frack und Zylinder die Lektionen der Dressurkunst aufs Viereck zu zaubern, dann wären Sie naturgemäß mit einer Westernausbildung schlecht bedient. Andersherum: Wenn Ihnen der Sinn danach steht, auf einem Islandpferd töltend durch die heimischen Wälder zu streifen, dann ist Ihnen nicht damit geholfen, daß Sie die große Dressur- und Springausbildung absolvieren. Und schließlich spielen Fragen nach Zeit und Geld eine Rolle. Sind Sie frei von sportlichem Ehrgeiz und wollen nur „just for fun" in der Freizeit reiten – dann sind Sie bei einem Ausbilder, der sich explizit um Freizeitreiter kümmert, wahrscheinlich zufriedener als im hochdotierten Dressurstall.

# VIER GRUNDSATZFRAGEN AM ANFANG

## 1. Die Geldfrage: Money makes the World go round

Man kann's im Kollegen- und Freundeskreis ausprobieren. Stellen Sie sich hin, und sagen Sie laut und vernehmlich „Ich lerne jetzt reiten!“

Wetten, daß sich mindestens ein Mensch findet, der Sie daraufhin fragt, ob Sie geerbt oder im Lotto gewonnen hätten? Das alte Vorurteil, daß Reiten ein sehr teurer, elitärer Sport ist, sitzt immer noch in vielen Köpfen. Dabei ist Reiten heute eine Freizeitbetätigung, die sich auch der Normalverdiener leisten kann. Es ist allerdings immer noch eine, die man sich leisten wollen muß, denn ganz „billig“ geht's nicht. Pferde kosten in Anschaffung und Unterhalt nicht gerade wenig, dazu kommt noch die Ausrüstung und zumindest eine eigene *Reitgrundausstattung* . Bei einem eigenen Pferd brauchen Sie auch noch für dieses das geeignete Equipment.

***Reiten ist heute kein teurer, elitärer Sport mehr***

Damit Sie wissen, was auf Sie zukommt, haben wir es einmal mit Modellrechnungen für ein Reitjahr versucht. Die dabei eingesetzten Beträge sind *Durchschnittswerte* aus dem Jahr 1995, sie können je nach Gegend (Land billiger als Großstadt, Norddeutschland billiger als Süddeutschland) variieren.

Für Westernställe und Westernausrüstung gelten etwa die gleichen Preise, aber legen Sie sicherheitshalber noch ein paar Mark drauf, denn gute Westernsättel sind schon aufgrund der Materialmenge teurer als klassische, und für ein ausgebildetes Westernpferd ist auf jeden Fall eine fünfstellige Summe auf den Tisch zu blättern. Bei guten Gangpferden (und selbst den kleinen Isländern!) ist das übrigens nicht anders.

Soviel zu den Richtwerten für Ihre Finanzplanung. Sollten Sie vorab noch ein paar Mark investieren können: Machen Sie Urlaub! Und zwar im Sattel.

Losgelöst vom Alltag und seinen Anforderungen, können Sie sich ganz auf das Neue konzentrieren, und obwohl es nicht ganz „unanstrengend“ ist, können wir fast für gute Erholung garantieren: Der Umgang mit Pferden und die ersten Erfolge im Sattel sind auf jeden Fall Abwechslung und die soll ja unter anderem für den Erholungseffekt stehen.

## DIE KOSTEN

**Klassisch geritten, „just for fun", einmal die Woche auf Schulpferden**

| | Kosten pro Monat | Kosten pro Jahr |
|---|---|---|
| Reiters Grundausstattung (Gummistiefel, Kappe, Reithose, Handschuhe) einmalig | | DM 410,– |
| Reitstunden (4 pro Monat) | DM 100,– bis DM 120,– | DM 1 200,– bis DM 1 440,– |
| Eventuell Aufnahmegebühr bzw. Jahresbeitrag Reitverein | | DM 100,– bis DM 500,– |

**Wenn's ein bißchen mehr sein darf: eine Reitstunde pro Woche plus Sonntagsausritt, das Ganze in „klassisch"**

| | Kosten pro Monat | Kosten pro Jahr |
|---|---|---|
| Reiters Grundausstattung (siehe oben) | | DM 410,– |
| Reitstunden (4mal pro Monat) | DM 100,– bis DM 120,– | DM 1 200,– bis DM 1 440,– |
| Ein zweistündiger Ausritt pro Woche | DM 180,– bis DM 240,– | DM 2 160,– bis DM 2 880,– |
| Eventuell Aufnahmegebühren Verein, Jahresbeiträge | | DM 100,– bis DM 500,– |

**„Klassiker" mit dem eigenen Pferd bei Haltung in einem Vereins- oder Pensionsstall**

| | |
|---|---|
| Einmalige Kosten | |
| Pferdeanschaffung | Ungefähr ab DM 6 000,– Grenzen nach oben offen |
| Grundausstattung fürs Pferd (Sattel, Trense, Halfter, Stalldecke, Putzzeug) | ca. DM 2 000,– |
| Grundausstattung für den Reiter (Lederstiefel, zwei Reithosen, Reitkappe, Handschuhe, Reitjacke) | ca. DM 1 500,– |

| Laufende Kosten | pro Monat | pro Jahr |
|---|---|---|
| Unterstellkosten Pferd | DM 450,– bis DM 1 200,– | DM 5 400,– bis DM 14 400,– |
| Hufschmied (7-12x pro Jahr) | DM 80,– bis DM 150,– | DM 560,– bis DM 1 800,– |
| Tierarztkosten (Impfungen, Wurmkur, Check-up etc.) | | DM 600,– |
| Tierhalterhaftpflichtversicherung | DM 200,– bis DM 500,– | |

*Die Kosten steigen mit den Ansprüchen*

## SLBs MEINUNG

**Nein, ich will Sie nicht abhalten, aber ...**

... mein früherer Reitlehrer pflegte immer zu sagen: „Reiten ist die teuerste Möglichkeit, sich täglich zu blamieren." Der Gute tat diesen Spruch auf der Basis 30jähriger Erfahrung im Sattel, und was er damit vor allem meinte: So erfahren, so alt, so geübt, daß man wirklich reiten „kann", wird man nicht. Jedes neue Pferd, jeder neue Tag im Sattel bringt eine neue Herausforderung – und: Wir sind es den Pferden schuldig, sich ihr jedesmal wieder mit vollem Bemühen zu stellen. Was das angeht, ist Reiten eben etwas ganz Besonderes. Nehmen wir als Vergleich einmal Tennis. Ich habe mir sagen lassen, daß Tennis auch nicht leicht zu lernen sei, und daß man auch dabei nie auslernt. Aber: Wenn jemand den Tennisschläger falsch in die Hand nimmt und sich nicht belehren läßt, dann schadet er vielleicht seiner Psyche (weil er immer verliert), und vielleicht holt er sich dabei auch einen Tennisarm. Aber damit hat es sich. Kein anderer hat darunter zu leiden. Bei uns Reitern ist das anders: Jeder Fehler, den wir machen und den wir nicht korrigieren, geht zu Lasten des Pferdes. Wir übernehmen in dem Moment, in dem wir in den Sattel steigen, die Verantwortung für die Gesundheit und das Wohlbefinden unseres vierbeinigen Sportkameraden. Wir sind ihm gegenüber zur Selbstkritik verpflichtet. Wer nur mit sportlichen Erfolgen renommieren will, wen der Ehrgeiz und Gewinnwille antreibt, und nicht die Beziehung zum Pferd, der sollte nicht gerade reiten.

SLB = Sibylle Luise Binder

***Das Wichtigste im Umgang mit Pferden: Nehmen Sie sich Zeit***

## 2. Die Zeitfrage: Ganz auf die schnelle geht's nicht

Zu den absoluten Vorzügen der Freizeitbeschäftigung Reiten gehört, daß sie sehr entspannend ist – wenn man sich die Zeit zur Entspannung nimmt. Damit wären wir dann schon am Problem so mancher Freizeitreiter: Zeit.

„Warum soll das ein Problem sein? Die Stunde pro Woche, die ich da als Anfänger nehmen soll – die hole ich doch aus meinem Programm immer raus!" sagen Sie? Tja, genau hier sitzt das Problem: Es sollte nicht bei der Stunde bleiben.

Wenn Sie fünf Minuten vorher in den Stall gehetzt kommen, ein bereits gesatteltes und getrenstes Pferd übernehmen, sich für 45 Minuten (so lange dauert für gewöhnlich die Schulstunde) darauf setzen, es dann zurück in den Stall bringen und dem Pfleger zum Absatteln in die Hand drücken – dann kommen Sie mit einer Stunde aus. Aber dann bringen Sie sich um etwas, was nicht nur dazu gehört, sondern auch Freude macht: den Umgang mit dem Pferd und die Chance, daß Reiten für Sie mehr als nur ein Sport wie andere auch ist.

### Zeit für sich und für das Pferd

Nehmen Sie sich also Zeit! Suchen Sie sich am besten von vornherein einen Stall, in dem Sie unter sachkundiger Anleitung dazu kommen, Ihr Schulpferd zu putzen und zu satteln. Auf diese Art bekommen Sie schon einmal Kontakt zu dem lieben Tier, Sie lernen einiges über sein Verhalten, und Sie relaxen bereits ein wenig, bevor Sie in den Sattel steigen.

Nehmen Sie sich hinterher die Zeit, das Rößlein wieder abzusatteln, fragen Sie bei schönem Wetter Ihren Reitlehrer, ob noch ein kleiner Spaziergang mit dem Pferd drin ist, bummeln Sie einfach mal mit ihm an einer Wiese entlang, lassen Sie es eine Weile grasen, unterhalten Sie sich mit ihm – es macht Spaß, es schafft Vertrauen, und Sie lernen viel über Ihr Pferd!

Rechnen Sie zu Ihren Reitstunden bitte auch noch die Anfahrten. Einen Stall danach herauszusuchen, daß er gerade so geschickt in der Nähe liegt, ist nicht unbedingt optimal. Sie sollen sich dort nämlich wirklich wohl fühlen – und vor allem: Sie sollen dort lernen! Wenn Sie die Wahl zwischen einem guten Stall in 25 km Entfernung und einem weniger guten vor der Haustür haben: Fahren Sie die 25 km!

**Lernen durch „Abgucken"**

Und wenn Ihnen dann noch Zeit bleibt, dann schauen Sie zu, wie andere es machen! Reiten, so sagt man zwar, lerne man nur durch Reiten – aber so ganz stimmt der Satz nicht. Man kann nämlich auch eine ganze Menge durch das Beobachten von anderen Reitern lernen. Lassen Sie sich dabei nicht durch das „Lästern", das auf manchen Hallentribünen üblich ist, irritieren. Die, die da so groß die Klappe aufreißen, haben in den meisten Fällen das reiterliche Pulver auch nicht erfunden.

Und wenn's Ihnen bei der Vorstellung, daß die während Ihrer Stunden über Sie lästern, ganz flau wird: Trösten Sie sich mit dem Gedanken, daß diese Herrschaften auch nicht in den Sattel steigen können, ohne von anderen durch die Zähne gezogen zu werden. Sie jedenfalls haben das Recht, Fehler zu machen, Sie haben sogar das Recht, im Sattel hin und wieder „in Wohnungsnot" zu kommen und die Halle aus der Froschperspektive zu erleben, Sie sind nämlich Anfänger und bleiben das für einige Zeit.

**Ein eigenes Pferd?**

Wenn das Anfängerstadium dann aber eines Tages überwunden ist und Sie davon träumen, sich ein eigenes Pferd anzuschaffen, dann sollten Sie noch einmal sehr intensiv über Ihren Zeitrahmen nachdenken. Ein Pferd will nämlich mindestens einmal täglich ausführlich bewegt werden – und mit einer Stunde ist es da nicht getan! Und wenn Sie gar, wie zum Beispiel Autorin Wolf, Ihr Pferd robust im eigenen Stall halten wollen, dann kommt noch mehr auf Sie zu: Putzen, Misten, Futterbeschaffung, Koppelpflege, jede Menge Reparaturen … Unter 15 Stunden pro Woche kommen Sie dann nicht mehr weg – und dabei sind Sie noch nicht einmal geritten.

Bedenken Sie auch hier, was in Ihrem Programm drin ist, wie sehr Sie sich anbinden lassen wollen und entscheiden Sie danach, wie weit Sie die Begeisterung fürs Reiten gedeihen lassen.

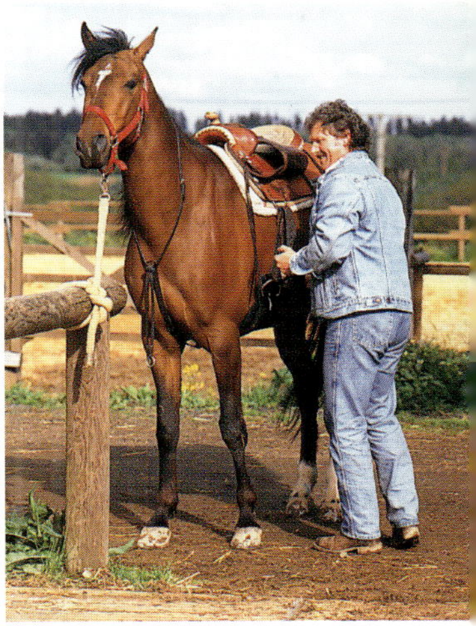

***Fertigmachen zum Ausritt: Ein Isländer (oben) in klassischer Ausrüstung, das Westernpferd (unten) natürlich „western style"***

## 3. Eine Frage des Talentes …

… sei es manchmal auch, so behauptete jedenfalls SLBs Reitlehrer, um dann sofort hinzuzufügen: „Und daß du gerade 'n Naturtalent wärst, kann man nicht behaupten!" Wobei Sibylle Luise Binder noch das Manko einer nicht gerade optimalen Reiterfigur hat. Nix da von wegen „schlank, langbeinig und sehr beweglich". Damit kann eher Gefion Wolf dienen, die daher physisch die „geeignetere" Reiterin ist.

*Westernunterricht bei Jean Claude Dysli in Spanien*

### Reiten kann jeder lernen

Allerdings: „Nicht gerade ein Naturtalent zu sein", muß nicht heißen, daß man es gleich lassen kann. Und es gibt sogar Topreiter, die nicht gerade eine optimale Reiterfigur haben. Es ist eine Frage des Aufwands, den man zu treiben bereit ist und eine Frage der Zeit, die man investiert. Im Fall der Autorinnen: Was SLB geradezu mühsam erlernte und ihren nicht so sehr beweglichen Muskeln in oft monatelanger Arbeit antrainierte, war für GW oft kein Problem. Aber: Wenn im Freundeskreis eins der Pferdchen „spinnt" und meint, es müsse frech werden, dann ist ab und an einmal SLB gefragt, weil die nämlich den nötigen „Nachdruck" in den Sattel bringt …

Lassen Sie sich also von niemanden erzählen, daß Sie *untauglich* seien! Ob Sie klein oder groß, dick oder dünn, ein Meisterturner oder eine Sofakartoffel sind: Einigermaßen anständig im Sattel zu sitzen, ist für jeden erlernbar, der es möchte und sich entsprechend bemüht.

### Wie steht's um Ihr Bewegungslernen ?

Allerdings: Überlegen Sie sich in einer ruhigen Stunde, bevor Sie anfangen, was Sie eigentlich möchten. Kleiner Eignungstest: Können Sie tanzen? Fällt es Ihnen leicht, einen neuen Bewegungsablauf zu erlernen und gemeinsam mit einem anderen auszuführen? Können Sie dabei locker bleiben? Wenn ja, dürfen Sie davon ausgehen, daß Sie sich auch als Reiter nicht ganz ungeschickt anstellen werden. Wenn Sie von sich annehmen, daß Sie nicht zu den *Naturtalenten* gehören, dann sollten Sie überlegen, ob Sie mit der Westernreiterei nicht besser bedient sind als mit der *klassisch-englischen* Tour. Damit soll nicht gesagt sein, daß Western per definitionem „leichter" zu reiten ist – im Gegenteil! Aber die Anfangsforderungen an Körperbeherrschung und Muskulatur sind nicht so hoch. Kurz: Western bietet den leichteren Einstieg für Anfänger.

## 4. Die Stilfrage …

… und an die knüpft sich dann auch gleich die Frage, wie man eigentlich einen guten Ausbildungsstall findet.

### Europas Reiterei

Fangen wir aber mit *Stilistischem* an. Auf den ersten Blick gibt es vier Möglichkeiten: *Klassisch-englisch, Iberisch, Western* und *Gangpferdereiterei.* Zwei davon können wir für diese Überlegung gleich wieder streichen: Iberisch wird bei uns zu wenig ausgebildet, als daß wir diesen Stil in unsere Überlegungen einbeziehen müßten. Gangpferdereiterei können wir auch wieder streichen, denn sie basiert auf der *klassisch-englischen* Reiterei ... und das hat sie übrigens mit der iberischen gemeinsam, in beiden Fällen reichen die Wurzeln zur Reiterei des europäischen Barocks zurück. Wer also klassisch-englisch gelernt hat, tut sich mit dem Umstieg auf ein Gangpferd oder auf ein spanisches Pferd nicht schwer.

**Reiten wie die Cowboys**

Eine ganz andere Reitweise ist *Western*. Sie hat sich nicht aus der *Schulreiterei* entwickelt, sondern aus der *Arbeitsreiterei* der Cowboys des amerikanischen Westens. Die Philosophie ist anders: Wo die Schulreiterei auf die dauernde *Kontrollierbarkeit* des Pferdes setzt, indem sie den Dauerkontakt aufbaut und das Pferd in Form reitet, geht die Westernreiterei von einem Pferd aus, daß die Form schon mitbringt und das als Partner unter dem Reiter möglichst *selbständig* arbeitet.

Der Unterschied zeigt sich dann am deutlichsten beim Könner: Der erfahrene, gute Westernreiter läßt sein ausbalanciertes Pferd am langen Zügel seinen Weg finden und gibt ihm nur impulsartige Hilfen, selbst bei spektakulären Manövern. Der Dressurreiter hält am immer etwas anstehenden Zügel Kontakt zum Pferd und *reitet* jeden Schritt heraus.

**Schulreiterei contra Westernreiterei**

Nun ist es schon fast ein Glaubensstreit, welche Methode denn für das Pferd besser sei ... Beide Methoden haben ihre Vorzüge, beide haben ihre Nachteile. Lassen Sie uns die Vorzüge und Nachteile einmal einander gegenüberstellen, danach können Sie vielleicht Ihre Entscheidung treffen, wie Sie reiten wollen.

**Ein guter Ausbildungsstall**

Bleibt zum guten Schluß die Frage: Wie findet man einen guten Ausbildungsstall? Dummerweise sieht ein Anfänger nicht von außen, ob die Schulpferde und der Ausbilder auch etwas taugen.

Im Bereich der klassischen Reiterei gibt es in Deutschland immerhin eine Möglichkeit, auf den ersten Blick die vermeintliche Spreu vom Weizen zu trennen: Anerkannte Ausbildungsställe tragen das Gütesiegel der Deutschen Reiterlichen Vereinigung.

**Ein Gütezeichen, das FN-Emblem**

Wenn Sie an einem Stall dieses Zeichen sehen, können Sie davon ausgehen, daß dort gewisse Ausbildungsvoraussetzungen wie zum Beispiel ein geprüfter Reitlehrer gegeben sind. Übrigens: Die Berufsbezeichnung *Reitlehrer* ist in Deutschland nicht geschützt. Die Herren und Damen, die den Beruf ordentlich erlernt haben, erkennt man daran, daß sie sich üblicherweise *Reitlehrer (FN)* nennen und eine bestimmte Zahl von Schulpferden vorhanden ist. Allerdings wollen wir damit nicht angedeutet haben, daß alle Ställe, die *nicht* das FN-Zeichen tragen, automatisch schlechte Ställe sein müssen.

Generell gilt: Verlassen Sie sich auf Ihr Gefühl. Gehen Sie durch den Stall, schauen Sie sich die Pferde an! Sehen sie gut gepflegt aus, kommen sie Ihnen freundlich und interessiert entgegen? Ist der Stall einigermaßen sauber, hell und luftig? Schauen Sie sich den Unterricht an: Gibt sich der Reitlehrer Mühe? Kann er gut erklären? Geht er auf den einzelnen Reiter ein? Ist der Ton so, wie Sie ihn sich wünschen? Sie müssen sich nachher in diesem Stall wohl fühlen, denn schließlich lernen Sie ja nicht reiten, weil Sie das müssen, sondern weil Sie es *wollen*.

Entscheiden Sie sich klar für eine Stilrichtung. Soll's klassische Dressur sein (hier die Mannschaftsweltmeisterin von 1994, Karin Rehbein auf Donnerhall) oder lieber Western (perfekt vorgeführt von Jean Claude Dysli)?

## DER PRAXISTIP

### Klassisch oder Western: Ein Vergleich

| Vorgabe | Schulreiterei | Westernreiterei |
|---|---|---|
| Erlernbarkeit | Bedarf einer längeren Schulung bis zum Erreichen erster Lernziele wie z.B. Geländesicherheit. | In der Anfangsphase leichter zu lernen, schneller umzusetzen. |
| Ausbildungs-möglichkeiten | In Deutschland sehr gut, weil die immer noch am weitesten verbreitete Methode. | Noch nicht optimal in Deutschland, aber deutlich im Trend, wodurch das Angebot ständig wächst. |
| Festlegung | Keine. Der Umstieg auf Western, Gangpferde oder andere Reitweisen ist weitgehend problemlos. | Schon eher. Wer Western gelernt hat, tut sich im englischen Sattel meist etwas schwerer |
| Anwendbarkeit, auf Pferdetypen bezogen | Keine Einschränkung: „Klassisch" kann jeder Pferdetyp geritten und ausgebildet werden, so lange nicht mehr als „gute Gebrauchshaltung" gefordert wird. | Deutliche Einschränkung: Die in unseren Breitengraden meist verbreiteten Warmblüter sind aufgrund ihres Körperbaus und ihres Bewegungsablaufs nicht unbedingt für die Westernreiterei geeignet. |
| Anwendbarkeit für den Reiter | Dressur, Springen, Gelände, Jagdreiten. | Geländereiten und Westernturnierdisziplinen. |
| „Komfort" | Es braucht einige Übung, im englischen Sattel entspannt und bequem zu sitzen. | Western gilt als deutlich „bequemer" für den Reiter. |

***Wenn Sie später einmal umsteigen wollen: mit klassischer Grundausbildung sind Sie weitgehend flexibel***

# DER TROCKENKURS: ANNÄHERUNG AN DAS PFERD

E

Es ist eindeutig: Die „Herrenreiter" und „Amazonen", die zu unserer Urgroßväter Zeiten einfach zum Spaß reiten lernten, hatten es leichter. Glauben Sie nicht? Sie denken daran, wie teuer der Spaß damals gewesen sein muß, wie unbequem die Kleidung und daß damals noch der Kommandoton in der Ausbildung vorherrschte? Sie haben recht. Aber wir auch, wenn wir behaupten, daß die es leichter hatten. Sie hatten nämlich eine Voraussetzung, die heute bei fast keinem von uns mehr gegeben ist: Sie hatten von frühester Jugend an Kontakt mit dem Pferd. Für sie war er geradezu unvermeidlich, weil sie von Pferden umgeben waren. Pferde waren damals so „in" wie heute eben Autos, und so wie die kleinen Kinder heute sämtliche Automarken kennen, so haben unsere Urgroßväter wohl damals über die Vorzüge des Norikers im Vergleich zum Ardenner diskutiert.

Für uns, die wir meistens in Städten aufgewachsen sind, sind Pferde sehr viel weiter entfernt. Wir stehen beim ersten Kontakt wahrscheinlich davor und denken: „Himmel, im Fernsehen haben die Viecher aber nie so groß ausgesehen!" Und trotzdem hat uns die Faszination Pferd gepackt, und darum laden wir Sie jetzt zum Trockenkurs ein: Lehnen Sie sich auf Ihrem Sofa zurück, und lassen Sie uns gemeinsam das Pferd als solches einmal theoretisch betrachten.

# GROSSE PFERDE, KLEINE PFERDE ...

Wissen Sie, was Pferde und Rosen voneinander unterscheidet? Nein, wir meinen nicht nur den Duft. Es gibt da noch etwas. „Eine Rose ist eine Rose ist eine Rose ...” – so schrieb jedenfalls dereinst Gertrude Stein. Aber ein Pferd ist keinesfalls ein Pferd ist ein Pferd ist ein Pferd. Ein Pferd kann nämlich ein Warmblüter sein – die Wahrscheinlichkeit, daß Sie in unseren Breitengraden auf einen solchen treffen, ist sogar sehr hoch, denn von den ungefähr 500 000 Pferden, die 1992 vom Bundesamt für Statistik in Deutschland gezählt wurden, gehörten etwa 300 000 dieser Klasse an. Der Rest sind Ponys, Kleinpferde, Vollblüter, Kaltblüter und, mit steigender Tendenz, Western- und Sonderrassen.

**Pony und Kleinpferd**

Fangen wir einmal an, diese Begriffe auseinanderzuklamüsern. Pony und Kleinpferd – das macht kein Problem. Alles, was unter 149 Zentimeter Widerrist hat, fällt in diese Kategorie, vom Shetty bis zum Haflinger. Rassetypisch für die Kleinen sind der kompakte, kurzbeinige Körperbau und der durch zähen Überlebenswillen geprägte Eigensinn.

**Kalt-, Warm- und Vollblüter**

Schwieriger wird es nun schon mit der „Bluttemperatur“, denn hier haben wir Begriffe, die eigentlich blödsinnig sind, denn selbstverständlich haben die, die *Kaltblüter* genannt werden, kein kälteres Blut als die, die *Warmblüter* heißen. Doch des deutschen Reiters Fachterminologie ist von Traditionen geprägt, und zu Opas Zeiten nahm man an, daß die Temperatur des Blutes etwas mit dem Temperament zu tun habe. Darum nannte man die Arbeitspferde, diese „Dickschiffe“, die sich am liebsten im Schritt und sehr gelassen bewegen, eben *Kaltblüter* und die edlen Reitpferde mit ihrem ausgeprägten Bewegungsdrang *Warmblüter*. Warum dann aber *Vollblüter* und nicht *Heißblüter*? Da können uns die Engländer helfen, die diese Kategorie *Thoroughbred*, nennen, was soviel bedeutet wie „voll durchgezüchtet“. Fürs Verständnis: *Vollblüter* sind die vierbeinigen Herrschaften, die den edlen und seit Jahrhunderten reingezogenen Rassen Vollblut-Araber, Anglo-Araber oder Englisches Vollblut angehören und deren Bestimmung eigentlich die Rennbahn ist, weswegen ihr Lieblingstempo der Galopp ist.

***Das Kleinkaliber: Der Isländer (oben) Der Normalfall: Ein Warmblüter – hier ein Westfale Die Kompakten: Quarter Horse Die Dickschiffe: Hier ein Rheinisches Kaltblut (untere Reihe von links nach rechts)***

*Ein Vollbluthengst wie aus dem Bilderbuch: Heraldik xx*

## AUS DEM TAGEBUCH

### SLBs erster Pferdekontakt:

**Hektor oder wie ich lernte, meine Kehrseite in Sicherheit zu bringen**

Zu meinen allerersten Erinnerungen aus ganz früher Kindheit gehört das verschwommene Bild eines alten Mannes, der auf einem umgekehrten Stalleimer vor einer Pferdebox sitzt und einen mächtigen Braunen krault. Nur ein Bild, den Erzählungen meiner Eltern entnehme ich, daß der alte Mann wohl mein Urgroßvater gewesen sein muß, der noch schwere Arbeitspferde hatte.

Das erste „bewußt" erinnerte Pferd allerdings war kein „Dickschiff", sondern Hektor, ein dunkelbraunes Pony eher undefinierbarer Herkunft, ein bißchen Isländer, ein bißchen sonst was, pummelig rund und mit Teddybärfell. Hektor begegnete mir, als ich mit acht Jahren als Ferienkind auf der Schwäbischen Alb entzückt feststellte, daß neben unserem Urlaubsquartier ein Ponyhof lag. Von der Minute an war ich für die Familie verloren – aber wenigstens nicht unauffindbar verloren, denn ich war im Stall. Und wenn ich nicht im Stall war, war ich auf der Koppel. Und wenn ich bei meinen Eltern auftauchte, dann hauptsächlich, um ihnen klarzumachen, daß ich das netteste, liebste Kind der Welt sein würde, wenn sie mir bloß noch einen Vorschuß auf das Taschengeld geben würden, denn ich hatte das Glück der Erde im Sattel entdeckt.

Reithose, Reitstiefel, Reitkappe? Nicht daran zu denken! Die ersten Bilder zeigen mich in Shorts, und ich weiß noch, wie sich Hektors Fell an meinen nackten Beinen anfühlte und wie stolz ich mich fühlte.

Allerdings: So heiß ich ihn liebte, so hatte Hektor doch einen Haken. Er mochte Rot. Er mochte Rot sogar sehr. Bis heute ist mir nicht erklärbar, warum und woher er sein Faible für Rundungen in Rot hatte, aber eines Tages werde ich das Rätsel lösen, warum mich Hektor zweimal nacheinander in meinen rot behosten Hintern gebissen hat, was meiner Liebe zu ihm übrigens keinen Abbruch tat.

# OB GROSS, OB KLEIN: DIE ANATOMIE HABEN SIE GEMEINSAM

So fühlen sich Pferde wohl: Beim Fressen in einer saftigen Wiese

Prof. Dr. Dr. med. vet. habil. Helmut Waibl beginnt im „Handbuch Pferd" die Anatomie des Pferdes mit dem schönen Satz: „Erst das Verständnis von Bau und Funktion aller Organsysteme, sowohl im einzelnen als auch im Gesamtkörper, gibt Aufschluß über die Aktionen des Pferdes und seine Reaktionen auf Umwelt und geforderte Leistung ..."

Dürfen wir Ihnen was verraten? Der Herr Professor mag recht haben. Und wir Autorinnen reiten zwar seit Jahren, und wir beschäftigen uns seit Jahren intensiv mit dem Pferd – aber daß wir seine Anatomie inklusive der Funktionsweise aller Organe auswendig gelernt hätten, kann niemand behaupten. Es ist auch nicht erforderlich. Erforderlich ist allerdings ein gewisses Grundverständnis, und dazu sollten wir uns jetzt doch einmal ein *Schemapferd* genauer anschauen.

## Die „Hände" beim Pferd

Und weil wir nun schon dabei sind, gleich noch zwei ganz wichtige Fachbegriffe: *Vorhand* und *Hinterhand.* Diese beiden Ausdrücke werden Sie in Ihrem Reiterleben noch sehr oft hören. Sie bezeichnen nicht mehr und nicht weniger als die Extremitäten, die Sie vor beziehungsweise hinter *Ihrer* Hand haben, wenn Sie im Sattel sitzen.

Wenn Sie nun also irgendwann auf einer Turniertribüne beim Springen sitzen und sehen, daß eines der Pferde mit den Vorderbeinen die Stange gekickt hat, können Sie schon sehr fachmännisch feststellen: „Vorhandfehler!"

Und sollte es eine Dressurtribüne sein, kann man sich in vielen Fällen mit der Aussage: „Die Hinterhand gehört aber ein bißchen mehr aktiviert!" als Kenner beweisen. (Warum die Hinterhand aktiviert werden sollte – dazu kommen wir in einem späteren Kapitel.)

### Dazwischen ...

Sie haben aber auch schon mal von der *Mittelhand* gehört und wüßten gerne, wo die plaziert ist? Auch wenn das Lexikon steif und fest behauptet, mit diesem Begriff werde jene Region des Pferdekörpers bezeichnet, die vom Widerrist bis zur Hüfte reiche – solange uns die Gentechnologie keine sechsbeinigen Equiden aus dem Reagenzglas zaubert, die ihr drittes Beinpaar an eben dieser Stelle verankert haben, können Sie diesen Terminus getrost vergessen. Er ist schlicht unlogisch und unter Fachleuten auch nicht gebräuchlich.

## Muskeln und Sehnen

Doch Pferde bestehen bekanntlich nicht nur aus Knochen und Beinen, sondern auch aus allerlei Muskeln, Sehnen und Organen. Die Muskeln und Bänder müssen Sie so wenig beim Vornamen kennen wie die Organe, allerdings sollten Sie eines wissen: In den Beinen des Pferdes gibt es eine ganze Menge Sehnen, und wenn es denen nicht gut geht, wirkt sich das verheerend aus, weil das Pferd dann nämlich lahm geht – und lahm geht es, weil ihm etwas weh tut, was Sie als Reiter sofort zum Fußgänger degradiert.

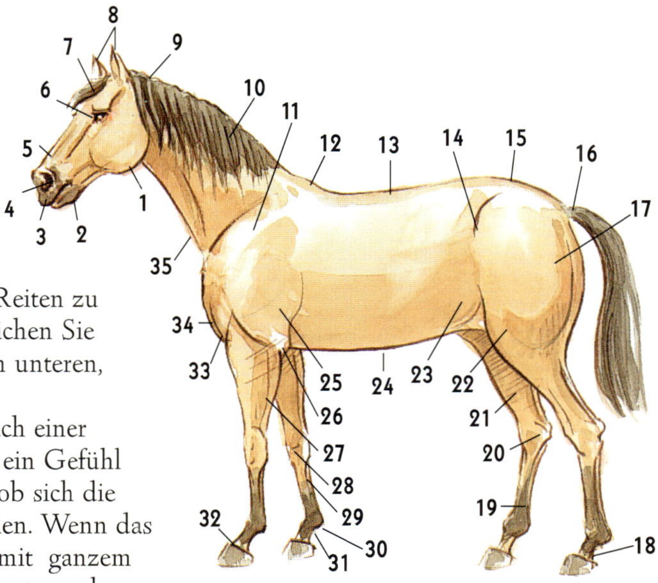


1 **Ganasche**
2 **Unterlippe**
3 **Oberlippe**
4 **Nüstern**
5 **Nasenrücken**
6 **Auge**
7 **Stirn mit Stirnschopf**
8 **Ohren**
9 **Genick**
10 **Mähnenkamm**
11 **Schulter**
12 **Widerrist**
13 **Rücken**
14 **Hüfthöcker**
15 **Kruppe**
16 **Schweifansatz**
17 **Oberschenkel**
18 **Ballen**
19 **Hintermittelfuß (Hinterröhre)**
20 **Sprunggelenk**
21 **Unterschenkel**
22 **Knie**
23 **Flanke**
24 **Bauch**
25 **Oberarm**
26 **Ellbogen**
27 **Unterarm**
28 **Vorderfußwurzelgelenk**
29 **Vordermittelfuß (Vorderröhre)**
30 **Fesselkopf**
31 **Fessel**
32 **Kronenrand**
33 **Brust**
34 **Bug**
35 **Hals**

Ergo müssen die Sehnen des Pferdes trainiert werden, und es sollte zur Gewohnheit des Reiters gehören, diese nach jedem Reiten zu kontrollieren. Streichen Sie dazu vorsichtig am unteren, hinteren Teil jedes Beins entlang – nach einer Weile werden Sie ein Gefühl dafür entwickeln, ob sich die Sehnen *klar* anfühlen. Wenn das Pferd gerade und mit ganzem Gewicht auf dem entsprechenden Bein steht, ist eine Sehne deutlich fühlbar, schmal und hart, ohne jede schwammige, weiche Anschwellung oder knotige Verdickungen und eher leicht kühl in der Temperatur.

## Lunge und Verdauungstrakt

Es gibt zwei ausgesprochene „Schwachstellen" am Pferd, auf die der Reiter zu achten hat. Die erste ist die Lunge.

### Empfindliche Lunge

Die Pferdelunge ist ein Hochleistungsorgan, das sich im Lauf der Evolution auf der freien Steppe entwickelt hat und daher wenig Widerstandskraft gegen „dicke Luft" besitzt. Staub, Schmutz und Ammoniakdämpfe können die Pferdelunge extrem schädigen. Es ist am Reiter und Pferdehalter, diese Schädigungen so gering wie möglich ausfallen zu lassen, indem er zum Beispiel Staubentwicklung im Stall vermeidet, regelmäßig und gründlich ausmistet und sein Rößlein nicht nur in der staubigen Halle bewegt, sondern ihm viel Freigang auf der Koppel gewährt, falls er es nicht gleich im Offenstall hält.

### Ein Pferd ist, was es ißt

Das zweite „empfindliche" Organ ist der Verdauungstrakt. Pferde sind von Natur aus *Dauerfresser*. In der freien Wildbahn sind sie den größten Teil des Tages damit beschäftigt, gemütlich vor sich hinzufressen. Ihr Magen verträgt nur kleine Portionen auf einmal, und sie brauchen neben dem Kraftfutter in Form von Hafer oder Pellets noch Rauhfutter wie Stroh, Heu oder frisches Gras.

Fütterung ist eine Wissenschaft für sich. Vertrauen Sie, gerade als Anfänger oder Neu-Pferdebesitzer, auf die Erfahrungen der Alten! Nicht jedes angepriesene Kraftfutter ist der Weisheit letzter Schluß. Die Methode „Mein Pferd soll's gut haben, also kriegt's was obendrauf!" kann sich übel auswirken, weil Überfütterung bei Pferden nicht nur Bauchansatz, sondern durch lebensgefährliche Koliken und andere, durch Eiweißüberschuß verursachte, schmerzhafte Krankheitserscheinungen auslösen kann. Wer einmal gesehen hat, welche Qualen ein Pferd bei diesen Erkrankungen ausstehen muß, nur weil da jemand mit dem Kraftfutter zu großzügig war, wird das seinem Tier nicht antun wollen.

# FASZINIERENDE PSYCHOLOGIE DES PFERDES

Das ist es, was Reiten zu einem ganz besonderen Sport macht: Unser „Sportgerät" ist ein lebendes Wesen. Es atmet, es bewegt sich, es fühlt, es hat manchmal einen eigenen Kopf, es bringt eigene Erfahrungen in unsere Beziehung mit ein, es kann Launen haben, es hat seine Art, sich auszudrücken, und wenn wir gute Beobachter sind, gibt es uns eine wunderbare Chance, an seiner Welt teilzunehmen.

*Im Senckenberg Museum / Frankfurt zu besichtigen: Ein versteinertes Urpferdchen, gefunden in der Grube Messel bei Darmstadt*

## Warum Pferde so ganz anders sind

Dabei ist es für uns gar nicht so einfach, Verständnis für das Pferd zu entwickeln, denn schließlich reagiert es oft ganz anders als wir und auch anders als die Haustiere, mit denen wir sonst Umgang haben. Weder wedelt es vergnügt und freudig mit dem Schwanz, wenn wir kommen, noch bringt es Zeitung und Pantoffeln, noch schnurrt es, wenn wir sein Kinn kraulen. Und manchmal müssen wir Reiter uns dann sogar von irgendwelchen Hunde- oder Katzenbesitzern sagen lassen: „Pferde sind ja nicht gerade intelligent!" Und zum Beleg der These wird dann angeführt, daß sehr viele Pferde nicht auf ihren Namen hören (stimmt), daß sie schwerer als ein Hund auf Kommando zu dressieren sind (stimmt auch), daß sie lange nicht so verspielt sind wie Katzen (stimmt bedingt), daß sie keine so engen Beziehungen zu Menschen aufbauen wie Katzen oder Hunde (stimmt nicht) …

Wenn man sich aber wirklich mit Pferdeverhalten auseinandersetzen will, ist zuerst einmal eines zu begreifen: Verhalten ist – bei allen Tierarten und auch bei uns Menschen! – vom Herkommen geprägt.

Die Wurzeln unseres Sozialverhaltens reichen zurück in die Urgeschichte der Menschheit, und ebenso reichen die Wurzeln des Pferdeverhaltens zurück in seine Entwicklungsgeschichte, die bedeutend früher angefangen hat als die des *Homo sapiens*. Das erste pferdeartige Wesen, von dem zu berichten ist, gehörte zur Gattung *Hyracotherium*.

## Herden- und Fluchtinstinkt

Die wenig mehr als katzengroßen Tierchen bevölkerten die Urwälder des Untereozän – das ist an die 50 bis 55 Millionen Jahre her. Die Kleinen waren Laubfresser, die sich vor ihren Feinden im dichten Unterholz versteckten. Als mit der zunehmenden Erwärmung der Erdatmosphäre diese riesigen Wälder versteppten, mußten sich die Urmodelle des Pferdes eine andere Überlebensstrategie einfallen lassen.

### Flucht in der Herde als Überlebensstrategie

Aus dem Verstecken wurde Flüchten, und weil Fluchtbereitschaft Wachsamkeit erforderte, schlossen sich die Urpferde zu Herden zusammen, denn viele Augen sehen mehr als nur zwei, und viele Ohren gewähren mehr Schutz als eigenes Aufpassen alleine. Mit dem Zwang, vor Feinden schnell davonrennen zu müssen, wandelte sich die Körperform – der Rücken streckte sich, die Beine wurden länger, aus den mehrzehigen Vorder- und Hinterfüßen entwickelten sich die Hufe.

## Der Rundumblick

Das Pferd spezialisierte nun auch die Sinnesorgane. Im Gegensatz zu uns Menschen, die wir in unserer Urgeschichte als Jäger und Sammler darauf angewiesen waren, möglichst „auf den Punkt“ genau zu sehen, weswegen unsere Augen ja auch in Richtung „Blick voraus“ angebracht sind, brauchte das Pferd den *Rundumblick*. Es mußte in der Lage sein, Feinde in jeder Richtung und aus jeder Körperposition rechtzeitig zu entdecken – daher sitzen seine Augen seitlich am Kopf und ermöglichen es ihm, bis auf einen kleinen, toten Winkel, alles um sich herum zu erfassen.

Der Rundumblick ging allerdings zu Lasten der Detailsehschärfe. In der Praxis bedeutet das: Wenn Sie von hinten auf Ihr Pferd zukommen, werden Sie durchaus gesehen – aber mit ziemlich hoher Wahrscheinlichkeit nicht gleich erkannt. Vermutlich ist nämlich das, was das Pferd da erfaßt, nicht mehr als ein schemenhafter Eindruck.

### Konsequenzen für den Reiter

Daher sollten Sie es dem Pferd leichter machen, indem Sie sich langsam annähern und sich zudem durch einen Anruf mit der Stimme kenntlich machen. Und wenn Sie es einmal mit einem speziellen Pferd zu tun bekommen, das Sie möglichst schnell kennenlernen soll, dann sollten Sie sich angewöhnen, anfangs immer in ähnlicher Montur zu erscheinen, denn für das Pferd zählt nicht ihr Gesicht als Erkennungsmerkmal, sondern die Gesamterscheinung, und wahrscheinlich betrachtet es unsere Kleidung als „Fell“. Von diesem Standpunkt aus: Würden Sie sich nicht auch schwer tun, wenn jemand täglich die Fellfarbe und -form wechselt?

*Bei erhobenem Kopf ermöglicht die seitliche Anordnung der Augen dem Pferd ein gutes Entfernungssehen, während der Bereich direkt vor ihm – unter der Nase – und seitlich unscharf ist bzw. im toten Winkel liegt. Um hier etwas sehen zu können, muß es den Kopf senken*

## Das Ohrenspiel

Spezialisiert sind aber auch die Ohren des Pferdes. Setzen Sie sich doch einmal auf einen Koppelzaun, und schauen Sie zu, wie die dort fressenden Pferde immer wieder die Ohren in alle Richtungen drehen. Diese Übungen dienen der Sicherung, denn Pferde hören sehr genau. Was ihr Rundumblick ihnen an Sehschärfe vorenthält, ersetzen sie durch Hörschärfe. Sie können das Rascheln einer Maus im Gebüsch ebenso vernehmen wie ein in ziemlicher Entfernung rufendes Herdenmitglied.

*Die Ohren zeigen nach vorne, die Augen sind hellwach – er interessiert sich für seine Umgebung*

### Konsequenzen für den Reiter

Auch aus diesem Grund ist Reiters Stimme ein gutes Hilfsmittel in allen Lebenslagen mit dem Pferd. Sie dient der Identifizierung des Menschen, sie kann beruhigen und loben, auffordern und tadeln. Scheuen Sie sich nicht, die Stimme einzusetzen, reden Sie mit Ihrem Pferd, ob Sie es nun putzen oder im Sattel sitzen.

## Herdentiere und die Hierarchie

Nein, bitte denken Sie jetzt nicht an die berühmten „Pferdefilme", in denen der wilde Hengst mit trompetenhellem Wiehern seine verschüchterten Stuten zusammentreibt, um ihnen den Weg aus der Gefahr zu weisen! So funktioniert Hierarchie in der Pferdeherde höchstens in Hollywood. Die Vorstellung, die da manchmal produziert wird, ist wohl eher den Köpfen männlichkeitsidealisierender Schreiberlinge als der akkuraten Beobachtung einer Pferdeherde entsprungen.

### The Lady is the Boss

In der geht es nämlich bedeutend „leiser" und teambetonter zu. Dazu (die Herren mögen es verzeihen, aber es entspricht halt den Tatsachen) sind Pferde auf eine Art Matriarchat geprägt.

„Chef im Ring" ist keineswegs der zur Herde gehörende Hengst, sondern eine erfahrene *Leitstute*, die sich diesen Rang nicht dadurch erobert hat, daß sie die anderen tyrannisiert, sondern hauptsächlich dadurch, daß sie durch Erfahrung überzeugt. Sie ist eben die, die auch dann noch Wasser findet, wenn die Trockenzeit ausbricht, sie kennt sämtliche saftigen Wiesen und weiß, wann es Zeit ist, zu flüchten.

Und was nun den Herrn in der Familie angeht: Der darf mit den Damen schäkern, er darf mit ihnen fressen, er darf ihre Fohlen produzieren und wenn es hart auf hart geht, hat er den Kopf hinzuhalten, denn im Ernstfall ist sein Platz zwischen der fliehenden Herde und dem angreifenden Freßfeind. Und während „Frauen und Kinder" zusehen, daß sie sich in Sicherheit bringen, setzt der Herr Zähne und Hufen ein, um dem Angreifer den gehörigen Respekt beizubringen.

Gelingt ihm das nicht und geht zum Beispiel ein Fohlen verloren, kann es ihm durchaus passieren, daß die Damen ihm die Gefolgschaft kündigen und sich einen neuen Hengst suchen, der sie und ihre Kleinen besser verteidigt.

**Konsequenzen für den Reiter**

Für uns Reiter hat die hierarchische Struktur innerhalb des Familienverbandes einen kleinen Nach- und einen großen Vorteil. Der Haken: Pferde fühlen sich ohne andere Pferde unwohl. Sie können vielleicht eine Katze alleine halten, aber nie ein Pferd. Es braucht in jedem Fall Kontakt zu anderen Pferden, wenn es nicht zum Psychokrüppel mit allerhand Macken verkommen soll.

Der Vorteil: Pferde sind bereit und fähig, uns Menschen in ihr *Weltbild* zu integrieren. Auch wenn wir gar nicht nach Pferd aussehen und uns in den wenigsten Fällen richtig *pferdisch* benehmen können, so haben wir doch die Möglichkeit, nicht nur als *Familienmitglied*, sondern, wenn wir es richtig anstellen, sogar als ranghöchstes Mitpferd angesehen zu werden. Wir sind, wenn wir es geschickt machen (und jeder Reiter sollte das schon aus Sicherheitsgründen tun), die *Alphas*, auf die unsere Pferde hören, denen sie sich willig und gerne unterordnen, in deren Nähe sie sich geborgen und wohl fühlen. Schon das ist ein Grund, warum wir das Denken nicht den Partnern mit dem größeren Kopf überlassen sollten – es ist unser Job in der Verbindung, und es ist gleichermaßen unsere Aufgabe, Vertrauen zu schaffen.

***Pferde brauchen Gesellschaft anderer Pferde, um pferdisch gesund zu bleiben***

# PFERDE VERSTEHEN

Stellen Sie sich vor, Sie würden morgen früh mitten in China aufwachen. Natürlich sprechen Sie kein Wort Chinesisch, und Sie verstehen auch kein Wort Chinesisch. Dazu sind Sie in einem chinesischen Dorf gelandet, in dem Sie mit Englisch auch nicht weiterkommen. Was machen Sie nun? Vermutlich besinnen Sie sich auf Ihre Fähigkeiten in Pantomime, und damit werden Sie ein gutes Stück weit kommen, wenn die anderen bereit sind, aufmerksam auf Ihre Körpersprache zu achten.

*Verstehen Sie Pferdisch ?*

Und nun stellen Sie sich bitte vor, Sie wären ein Pferd. Sie verstehen leider die Sprache des Menschen nicht. Und seine Pantomime? Hmm ... auch nur bedingt, denn die Art, wie der Mensch etwas ausdrückt, ist eben nicht Ihre Art. Was bleibt nun? Keine Chance? Wahrscheinlich, es sei denn, der Mensch hat *Pferdisch* gelernt und versteht wenigstens Ihre Sprache.

## Pferdegesichter

So schwer zu erlernen ist die übrigens gar nicht. Keine Sorge, wir machen jetzt keinen Kurs im Wiehern, denn Pferde kommunizieren generell wenig durch die Stimme. Ihr Ausdrucksmittel ist in den meisten Fällen die Mimik und die Körperbewegung, und wer die zu deuten weiß, hat in Sachen Verständigung schon halb gewonnen. Der Rest ist dann Feinfühligkeit und Erfahrung, die man am besten im Umgang mit dem Pferd gewinnt.

Als „Studienobjekte" für den Trockenkurs haben wir hier einmal einige typische Pferdegesichter beziehungsweise -körper in ausdrucksvoller Mimik und Haltung für Sie dargestellt.

**„Danke, mir geht's gut – und dir?"** sagt uns dieses Pferdegesicht. Die Ohren zeigen nach vorne, in Richtung des Betrachters, die Lippen sind entspannt. So sieht ein rundum zufriedenes Pferd aus, das durchaus zu einem kleinen Plausch aufgelegt sein könnte.

**„Da hinten tut sich etwas Spannendes",** meint dieses Pferd. Es dreht die gestellten Ohren nach hinten, um genau zu hören, es blickt in die Richtung, aus der das kommt, was es interessiert, die Lippen zeigen durch leichte Anspannung, daß es ganz wach ist.

**„Ist das langweilig! Mir schläft gleich das Gesicht ein!"** sagt dieses Pferd, was übrigens meist mit einem ebenso entspannten Körperausdruck verbunden ist. Ganz oft ist ein Hinterbein hochgezogen und auf die Hufspitze gestellt. Das Pferd döst. Als Reiter sollten Sie jetzt ein wenig vorsichtig sein – wer sich da anschleicht, ohne sich rechtzeitig bemerkbar zu machen, erschreckt das Rößlein nur zu leicht und bekommt im Zweifelsfall einen Huftritt.

**„Mir stinkt's gewaltig – ich greife gleich an!"** Dieses Pferd droht: Die Ohren werden weggeklappt, die Lippen sind gespannt, der Blick giftig, meist schlägt dazu noch der Schweif. Wer ein solches Pferdegesicht sieht: Abstand halten, gut zureden (bei Rüpelhaftigkeit „anschnauzen"), warten, bis sich das Pferd entspannt und die Ohren wieder aufrichtet.

**„Oh, da gibt's gleich etwas Feines zu fressen!"** So sehen Pferde aus, wenn die Fütterung herannaht und sie sich auf ihren Hafer freuen. Dazu gehört übrigens manchmal sogar ein Lippenlecken in der Erwartung kommender Genüsse.

**„Das riecht aber hochinteressant!"** Dieses Verhalten nennt man *Flehmen*. Das Pferd hebt dabei die Nase in die Richtung des interessanten Duftes, atmet tief ein und zieht dann die Oberlippe hoch, um den Duft in den Nüstern festzuhalten. Dieses Gesicht sieht man übrigens oft bei Hengsten, die an einer rossigen Stute geschnuppert haben.

***Pferde haben eine ganze Menge zu sagen***

# AUSRÜSTUNG FÜR ROSS UND REITER

Pech gehabt, geneigter Leser: Wir sind Spielverderber. Sollten Sie darauf gehofft haben, in diesem Kapitel die Rechtfertigung dafür zu finden, warum Sie heute noch das Familienvermögen im nächsten Reitsportgeschäft anlegen müssen – dann müssen wir Sie leider enttäuschen. Wir neigen zum „pragmatischen Minimalismus“, was in der Praxis heißt, daß das angeschafft wird, was wirklich gebraucht wird, daß es in einer Ausführung gekauft wird, die praxisbewährt ist, und daß wir auf die allerneueste Mode pfeifen. Entsprechend sind unsere Tips hier zu werten.

Allerdings: Reiten soll Spaß machen. Wenn Sie sich auch im Stall gerne schick anziehen, wenn es Ihnen Freude macht, Ihr Pferd passend zu Ihrem Outfit in den Farben der Saison auszustatten, dann lassen Sie sich nicht daran hindern. Solange Sie nicht auf die Idee kommen, als knallrot gewandeter Feuermelder auf Beinen sämtliche Pferde (die Rot eben nicht so sehr mögen) zu irritieren, sollte auch in diesem Bereich gelten, daß jeder nach seiner Fasson selig werden möge.

# DES REITERS OUTFIT

## Der kluge Kopf trägt Hut

Da war noch jener konservative Richter, der dereinst über den Vorbereitungsplatz eines Turniers in Richtung eines Reiters brüllte: „Sagen Sie, Herr XY, seit wann reitet man eigentlich halbnackt auf dem Turnier rum?“ Aller Augen wandten sich zu Herrn XY, doch wer da gehofft hatte, eine dementsprechende Heldenbrust ohne Verhüllung bewundern zu dürfen, wurde enttäuscht. Herr XY trug Stiefel, eine weiße Hose, ein weißes Hemd, eine schwarze Jacke und eine Krawatte. Ja, er hatte sogar schon die weißen Baumwollhandschuhe, die zum Outfit des Turnierreiters gehören, übergezogen. Das einzige, was ihm fehlte, war die Kopfbedeckung.

***Oben:* Normale Reitkappe**
***Unten:* Militaryhelm**

### Die Versicherung zahlt nur, wenn gut behütet

Sie grinsen und finden diesen Richter altväterlich? Das war er wohl schon. Aber: Der Hut gehört zum Reiter wie das Pferd. Und das nicht, weil ein „Herr“ beziehungsweise eine „Dame“ ohne Hut in früheren Zeiten nicht denkbar war, sondern, weil der „Hut“ des Reiters heute ja immer der Sicherheit dient. Ob Reitkappe, Dressurzylinder, Melone oder Vielseitigkeitshelm: Ohne entsprechend splittersichere Einlage gibt's Reiters Kopfbedeckung gar nicht mehr, denn sie soll vor allem den Kopf bei einem Sturz schützen. Weswegen übrigens die Versicherungen im Falle eines Unfalles nur dann zahlen, wenn der Reiter „wohlbehütet“ war.

Darum ist denn auch die Reitkappe die erste Anschaffung des Reitschülers. Und an ihr sollte man nicht unbedingt sparen – das Erbstück von der Schwester, der Freundin, der Cousine zweiten Grades, das die letzten 22 Jahre im Keller gelegen hat und Ihnen über die Ohren rutscht, sollte es nicht sein. Stattdessen splittersicher, passend und mit einer Dreipunktbefestigung, wie sie in unserer Abbildung dargestellt ist.

Kaufen können Sie das gute Stück für circa 70 DM bis 120 DM in jedem Reitsportgeschäft oder beim Versandhandel (die Adressen finden Sie zum Beispiel in den Fachzeitschriften), allerdings sollten Sie beim Bestellen sorgfältig Maß nehmen.

## DER PRAXISTIP

### SLB mag keine Reitkappe

Nein, ich glaube nicht, daß ich extrem eitel bin. Aber wenn ich mir eine Reitkappe aufsetze und in den Spiegel schaue, kommentiere ich mich selbst mit „Bäh, was siehst du blöd aus!“ Dazu finde ich die Dinger unbequem. Man schwitzt darunter, wenn sie richtig sitzen, drücken sie, dazu schmuddelt der dunkle Samt, wenn man sie in Stall und Reiterauto liegen hat – nein, Reitkappen sind nicht meins.

Weil ich aber auf meinen unversehrten Kopf gesteigerten Wert lege, trage ich einen Militaryhelm. Er hat den Vorteil, deutlich bequemer zu sein, wer ihn in seinem einfachen Schwarz nicht mag, kann einen bunten Überzug draufsetzen (der dann, wenn er verschmutzt ist, sogar ausgewechselt werden kann), und er ist mindestens genauso sicher wie die Reitkappe. Dazu kostet er nur unwesentlich mehr. Wenn Sie also auch zu denen gehören, die Reitkappen „affig“ finden – lassen Sie sich im Geschäft doch einmal einen Militaryhelm zeigen!

## Anorak, Pullover, Hemd

Natürlich könnten wir Ihnen hier in epischer Breite die Vor- und Nachteile verschiedener Reitanorak-, Reitwesten- und Reitmantelmodelle beschreiben. Allerdings: Eine logische Begründung, warum man gleich zu Anfang unbedingt schon ein solch teures Stück braucht, würde uns nur schwer einfallen.

Für die Bekleidung des Oberkörpers gilt nämlich: Alles, was nicht einengt und worin Sie nicht schon bei der kleinsten Anstrengung ins Kochen geraten, ist geeignet, wobei sich in der Praxis bewährt hat, zur Reitstunde im „Zwiebelprinzip" anzutreten: Ein nicht zu langer Anorak oder eine Jacke, die Ihnen nicht unters Hinterteil gerät oder mit flatternden Rockschößen das Pferd nervt, ein bequemer Pullover, darunter möglichst ein T-Shirt aus Naturfasern oder einem anderen Stoff, der Schweiß aufsaugt. Wenn Sie bei dem Ganzen noch daran denken, daß ein Reitlehrer nur schwer Ihre Haltung beurteilen kann, wenn Ihr Body von Flattergewändern verhüllt ist, sind Sie für den Anfang schon prima bedient.

## Reiters Beinkleid

Für die ersten Reitstunden braucht es eigentlich noch keine Reithose. Eine weiche, bequeme Jeans, deren Innennähte nicht drücken, und darauf kommt's an, wie Sie bald merken werden!, tut's durchaus.

Aber wenn Sie erst ein bißchen mehr und länger reiten, steht Ihnen wahrscheinlich der Sinn nach einer Reithose. Bei der krumpelt nix und Sie müssen auch nicht damit rechnen, daß Sie am Unterschenkel hinaufkrabbelt. Dann haben Sie die Auswahl, wobei man grundsätzlich zwei Arten unterscheidet: Reithosen mit *Knie-* sowie Reithosen mit *Voll-Lederbesatz*. Fangen wir mit der preiswerteren Variante, dem Knieleder, an.

#### Reithosen mit Kniederbesatz

Ja, es sind die Innenseiten der Knie, die bei richtigem Reiten am meisten abgenützt werden, weswegen Reithosen auf jeden Fall einen Besatz in dieser Region haben sollten. Es gibt heute unzählige Varianten von Kniebesatz – aus Stoff, aus Synthetik-Material und aus Leder. Wir empfehlen immer noch Leder. Es hat nämlich neben der Schutzwirkung für den Stoff noch eine ganz nützliche Funktion: Es haftet ganz gut am Sattel und gibt Ihnen damit einen etwas besseren Knieschluß.

Ob Sie nun aber Knieleder mit Bundfalten oder kariert oder in Stretch oder Jeansstoff oder Cord anschaffen, bleibt Ihrem persönlichen Geschmack und Ihrem Geldbeutel überlassen. Einigermaßen taugliche Knieleder-Reithosen kosten zwischen 160 DM und 220 DM, fürs erstemal sollten Sie allerdings nicht unbedingt das Sonderangebot aus dem Versandhandel wählen, sondern probieren gehen, bis Sie Ihre Größe heraushaben. Bitte seien Sie dabei nicht zu eitel: Eine zu enge Reithose, die am Bauch kneift und in der Sie sich nicht richtig bewegen können, sollte es tunlichst nicht sein. Testen Sie statt dessen die Paßform aus, indem Sie in der Hose in die Knie gehen und sich im Reitsitz auf einem Stuhl niederlassen. Wenn da nichts kneift und zwickt, ist sie richtig. Sie müssen sich, wie in einem bequemen Trainingsanzug, völlig frei bewegen können, wenn Sie auf dem Pferd sitzen.

*Eine Reitweste mit warmem Innenfutter – liegt gut am Körper an, ohne einzuengen*

*Klassiker-Optimum: Die Reithose mit Voll-Lederbesatz*

**Auf die Länge kommt es an**

Achten Sie außerdem beim Reithosenkauf auf die Länge der Hosenbeine: Wenn der Klettverschluß in der Mitte der Wade hängt, werden Sie sich nachher ein Loch in den Bauch ärgern, weil Sie entweder Druckstellen am Unterschenkel haben oder Ihre Hose in den Stiefeln aufwärts wandert. Ist sie aber zu lang und schlackert Ihnen um die Knöchel, ist's auch nicht angenehm.

**Reithosen mit Voll-Lederbesatz**

Hosen mit Voll-Lederbesatz haben zwei Vorteile: Man sitzt deutlich besser im Sattel, und sie halten bei ordentlicher Pflege wesentlich länger. Allerdings haben sie zwei Nachteile: Sie sind deutlich teurer (ab 220 Mark aufwärts) und etwas aufwendiger zu reinigen als Knie-Lederhosen. Achten Sie bei dem guten Stück auf die Pflegehinweise der Hersteller, achten Sie noch mehr auf die Paßform und überlegen Sie, bevor Sie sich die Modefarbe der Saison kaufen, ob Sie mit neutralem Blau oder Grau oder Grün nicht besser bedient wären, weil Sie die Hose ja über ein paar Jahre tragen wollen.

## DER PRAXISTIP

### SLBs Lederhosenpflege

Meine Voll-Lederhosen landen in der Waschmaschine – Feinwäsche bei 30 Grad Celsius mit dem entsprechenden Waschmittel müssen und können sie aushalten. Danach werden sie auf der Leine getrocknet. Sie dürfen selbstverständlich nicht in den Trockner, und wer sie über die Heizung hängt, braucht sich nicht zu wundern, wenn das Leder nicht lange mitspielt.

Allerdings: Nach dem Trocknen können die Hosen meist alleine stehen, weil das Leder hart geworden ist. Nun, die Hersteller erzählen in solchen Fällen etwas von „kräftig durchwalken", andere Reiter, die härter im Nehmen sind als ich, zwingen sich ins kratzige Stück hinein und wissen, daß es nach ein paar Stunden am Körper wieder weich wird. Meins ist das nicht, und darum werden meine Voll-Lederhosen nach dem Waschen kräftig mit Nivea- (oder einer anderen geeigneten) Creme bearbeitet: Gewendet, das Leder von innen eingeschmiert, und schon sind sie wieder weich und angenehm wie neu.

## Reiters Schuhwerk

Wie's unterhalb der Reithose weitergeht, ist nicht nur eine Geschmacks-, sondern vor allem auch eine Geld- und Bequemlichkeitsfrage.

### Stiefel aus Leder

*Klassisch* sind natürlich immer noch die Lederreitstiefel. Sie haben den Vorzug, daß Sie die richtige Fußhaltung unterstützen, daß der Sporn, so er denn einmal nötig werden sollte, daran richtig sitzt, daß sie zur vorgeschriebenen Turnierkleidung gehören, daß sie bei richtiger Pflege ein halbes Reiterleben lang halten können, daß sie, wenn man sie erst einmal eingetragen hat, durchaus halbwegs bequem sein können und daß sie ja nicht ganz so übel aussehen. Und schließlich: Sie sind mit stabilen Verstärkungen gearbeitet. Wenn Ihnen also mal versehentlich ein Pferd auf den Stiefel treten sollte, ist Ihr Fuß ganz ordentlich geschützt. Allerdings kosten die guten Stücke auch nicht gerade wenig (Konfektionsmodelle ab DM 300 aufwärts, Maßkonfektion ab DM 500 aufwärts, für reine Maßarbeit ist noch einiges mehr anzulegen), und sie halten nur, wenn sie richtig gepflegt werden.

### Stiefel aus Gummi

Die Alternative dazu sind Gummistiefel – deutlich preiswerter, heute auch mit Innenledereinsatz und ausreichender Belüftung zu bekommen, zudem wasserfest. Für den Anfang kann man sie wirklich empfehlen, wobei allerdings die allerbilligsten Modelle nicht unbedingt tauglich sind. Und: Schlag-, tritt- und bißfest sind Gummistiefel nur in sehr geringem Maße …

## DER PRAXISTIP

### SLB liebt bequeme Lederstiefel

Wenn sie taugen sollen, müssen sie einigermaßen sitzen… und wenn sie einigermaßen sitzen, haben unsere deutschen Modelle einen recht engen Abschluß unter dem Knie. Ergo braucht man einen Stiefelzieher zum An- und einen Stiefelknecht zum Ausziehen.

Ich gestehe, daß mich das immer genervt hat. Und so trug ich dann meine Stiefel dereinst zu unserem guten alten Schuster – und für ungefähr 30 DM hat er mir neben der äußeren Seitennaht einen stabilen Reißverschluß eingenäht. Der stört weder optisch noch beim Reiten, aber er hat die Stiefel deutlich bequemer gemacht.

### Jodphurhose und Stiefeletten

Die „alte" Alternative zur Stiefelhose und den langen, schwarzen Reitstiefeln sind Jodhpurhosen und Jodhpurstiefeletten, dereinst von den Engländern in Indien entwickelt.

Der Vorteil dieser Aufmachung – vor allem im Sommer – liegt in ihrem Tragekomfort. Der Nachteil allerdings: Gute Jodhpurstiefel und Jodhpurhosen sind auch nicht viel billiger – es sei denn, Sie machen einmal Urlaub in England. Da dort diese Mode sehr verbreitet ist, bekommen Sie in einem guten Reitershop entsprechende Angebote, die bezahlbar sind. Allerdings ist die Wade darin weniger geschützt. Wenn Sie empfindlich sind, kann es durch die Reibung des Bügelriemens blaue Flecken oder Druckstellen an Ihrem Unterschenkel geben.

***Oben: Lederreitstiefel; Mitte: Jodhpurstiefeletten; Unten: Die komplette Jodhpurausrüstung***

### Mini-Chaps

Eine bessere Alternative sind Mini-Chaps. Unten zum Beispiel ein bequemer Baseballstiefel mit glatter Sohle und Schnürung (Vorsicht: Klettverschlüsse können in den Bügeln hängenbleiben, sie sind denkbar ungeeignet fürs Reiten!), darüber die Mini-Chaps aus Leder. Damit ist die Wade samt Hose geschützt.

*Go West: Die langen Chaps der Westernreiter finden auch bei den Klassikern immer mehr Freunde*

### Lange Chaps

Die langen Chaps der Westernreiter tun auch gute Dienste, vor allem können Sie diese ledernen Beinlinge (die es mit und ohne Fransen in Glatt- und Wildleder und allen möglichen Farben gibt) über normalen Jeans oder anderen bequemen Sporthosen anziehen und sich die Reithose sparen. Zu langen Chaps, die ab DM 150 zu haben sind, passen schlichte Western- oder andere, kurze Sportstiefel. Wenn Sie sich im klassischen Sattel mit dem etwas artfremden Western Tuning nicht ein bißchen komisch vorkommen, haben Sie mit diesem Outfit eine brauchbare Alternative.

## Die Gretchenfrage: Handschuhe?

Auf Turnieren sind sie Vorschrift, für manche gehören sie zur Reiterei wie das Pferd, wieder andere (unter anderem die Autorinnen) mögen sie nicht so sehr: Handschuhe. Dafür spricht, daß der Zügel, zumindest ein lederner, in einer verschwitzten Hand tatsächlich recht leicht ins Rutschen kommt, was Handschuhe verhindern. Manche Reiter reiben sich am Zügel, vor allem bei Pferden, die sich – aus welchen Gründen auch immer – aufs Gebiß legen, auch leicht die Finger auf, was Handschuhe ebenfalls verhindern. Dagegen spricht (zumindest aus der Sicht der Autorinnen), daß deutlich „Gefühl" in der Hand verlorengeht. Aber: Am Anfang spricht viel für die „zweite Haut". Solange die Schulpferde dem Reitschüler noch die Zügel aus der Hand ziehen, solange er noch zur Stabilisierung seines Sitzes in die Sattelkammer oder zum Bügelriemen am Pferdehals greift, sollte er Handschuhe tragen, um seine Hände zu schützen. Es müssen übrigens nicht unbedingt die teuren aus Leder sein. Einfache Baumwollhandschuhe, mit Verstärkung zwischen kleinem und Ringfinger, sind preiswert und gut zu waschen.

# DIE AUSRÜSTUNG DES PFERDES

Grau ist alle Theorie, und wahrscheinlich fragen Sie sich an dieser Stelle, warum wir Sie mit diesem Thema gleich so ausführlich erfreuen werden. Sie haben doch noch gar nicht vor, sich ein Pferd anzuschaffen und meinen daher, daß Sie noch gar nicht so ausführlich wissen müssen, was das Pferd von heute trägt? Nun, so detailliert werden wir es Ihnen wirklich nicht antun. Aber auch als „bloßer" Reiter ohne eigenes Pferd sollten Sie über Sattel und Zäumung Bescheid wissen. Sie müssen nämlich damit umgehen können.

## Der Sattel

Das Modell, das Ihnen in der Praxis als „Englisch-Reiter" wahrscheinlich vorwiegend begegnen wird, ist der sogenannte *Vielseitigkeitssattel,* mit dem man sowohl Springen als auch Dressurreiten kann. Bei ihm wie bei allen anderen Sätteln wichtig: Der Schwerpunkt muß in der Mitte liegen, das Gewicht soll sich über die ganze Auflagefläche verteilen und die Sattelkammer hoch genug und so weit sein, daß sie nicht auf den Widerrist des Pferdes drückt.

### Die wichtigen Teile

Wie nun die einzelnen Teile des Sattels heißen, sehen Sie an der Schemazeichnung. Kleiner Tip: Sie müssen natürlich nicht den Aufbau des Sattels auswendig lernen. Aber zu wissen, was *Pauschen* sind und was der Reitlehrer meint, wenn er Ihnen empfiehlt, in die *Kammer* zu fassen, kann nicht schaden.

### Achtung Sturzfeder

Übrigens: Für zwei Teile am Sattel sind Sie als Reiter verantwortlich. Das eine ist die *Sturzfeder.*

Wo Sie die finden? Ganz einfach: Da, wo der Bügel eingehängt wird. Und wenn Sie sich das Teil nun einmal anschauen, ist Ihnen klar, wozu es gut ist: Es soll bei entsprechendem Zug die Bügelriemen freigeben, weshalb die Sturzfeder auch in offener Stellung bleibt. Das verhindert nämlich, daß Sie im Falle eines Sturzes „mitgeschleppt" werden, sollte sich Ihr Stiefel im Bügel verhakt haben. (Am Rande erwähnt: Außer in entsprechend dramatisch aufbereiteten Filmen hat keine der Autorinnen je einen solchen Unfall gesehen.) Daher sollten Sie selbst schauen, ob das Ding gängig ist.

***Die Sturzfeder: klein, aber wichtig***

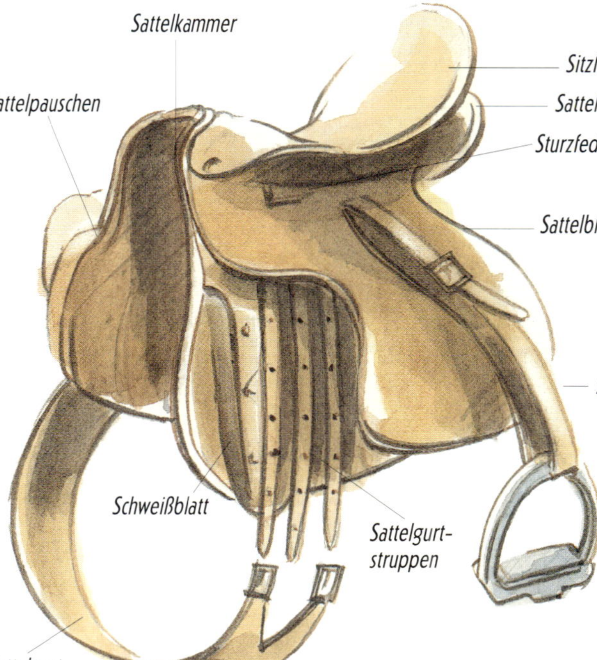

***Der Vielseitigkeitssattel – wie der Name bereits verrät, der richtige Sattel für fast alle Einsätze***

**Gurtstruppen okay ?**

Das zweite, was Sie hin und wieder prüfen sollten, sind die *Gurtstruppen.* Wie Sie an der Abbildung sehen, sind es drei, obwohl ja der Sattelgurt nur zwei Schnallen hat. Im Normalfall bleibt der mittlere Struppen frei. Aber da Gurtstruppen durchaus einmal reißen können, ist der mittlere als Ersatz vorgesehen – und alle drei sollten Sie hin und wieder durch kräftigen Zug und sorgfältigen Augenschein prüfen.

Gepflegt werden Sättel übrigens mit Sattelseife und Lederfett (im Normalfall nicht mit Öl, es macht das Leder weich und instabil), und die meisten Reitlehrer freuen sich, wenn ihre Schüler einmal anfragen, wie das geht und sich bereit erklären, es an den Schulsätteln zu üben.

## Gebisse und Zäumungen

Zur klassischen Ausbildung gehört bei Roß und Reiter die Trense, denn sie ist nach gängiger Auffassung das „schonendste" und am weichsten einwirkende Gebiß. Daher werden Sie vermutlich zu Anfang eben diese Gebißform in ihren verschiedenen Varianten, die wir Ihnen hier vorführen, kennenlernen. Von oben nach unten auf der Seite 39 links: *Wassertrense, Olivenkopftrense, doppelt gebrochene Trense.* Letztere gilt als das weichere Gebiß, mit dem das Pferd am wenigsten von harten Reiterhänden geplagt wird.

Ihr Job als Reitschüler ist übrigens die Pflege des Gebisses nach dem Reiten: Es wird nach jeder Benutzung gründlich ausgewaschen. Überprüfen Sie dabei Gebiß wie auch Gelenke auf Beschädigungen.

***Das Zaumzeug***

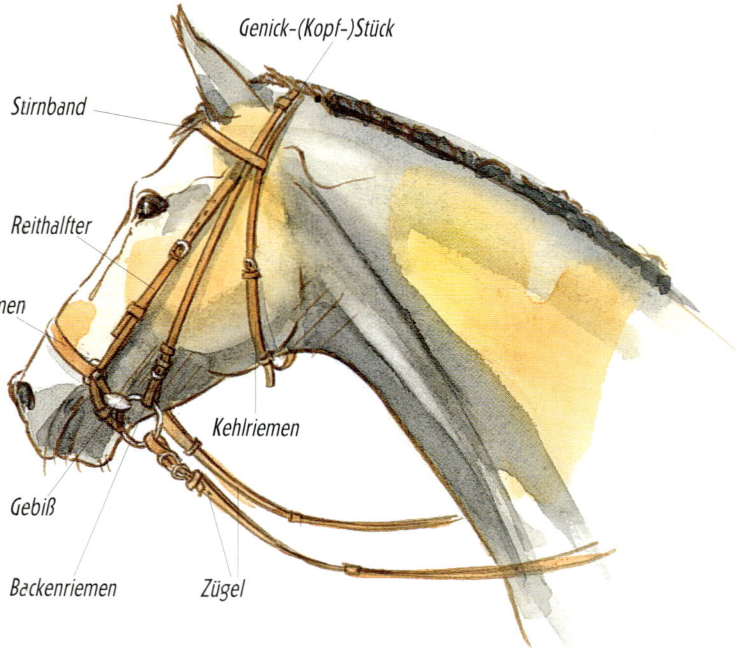

Zum Gebiß gehört natürlich die *Zäumung*, und hier begegnen Ihnen meist drei Formen des Reithalfters. Wie diese aussehen, zeigen wir Ihnen auf den Fotos rechts – von oben nach unten: *Hannover'sches Reithalfter, Englisches Reithalfter* und das *Kombinierte Reithalfter*.

Und nun können wir Ihnen nur empfehlen, in den Stall zu marschieren, sich einen geduldigen Reitlehrer oder sonstigen fachkundigen Menschen zu suchen und ihn zu bitten, Ihnen einmal eine Zäumung auseinanderzunehmen und zu zeigen, wie man sie wieder zusammenbaut. Hilfreich dabei ist vielleicht unsere Schemazeichnung, die Ihnen auch verrät, wie die einzelnen Teile heißen.

Warum Sie das wissen und können sollen? Ganz einfach: Es kann Ihnen jederzeit passieren, daß Sie ein Zaumzeug für ein fremdes Pferd „passend" machen müssen, und da empfiehlt es sich, vorher geübt zu haben und nicht nervös am Pferdekopf zu fummeln.

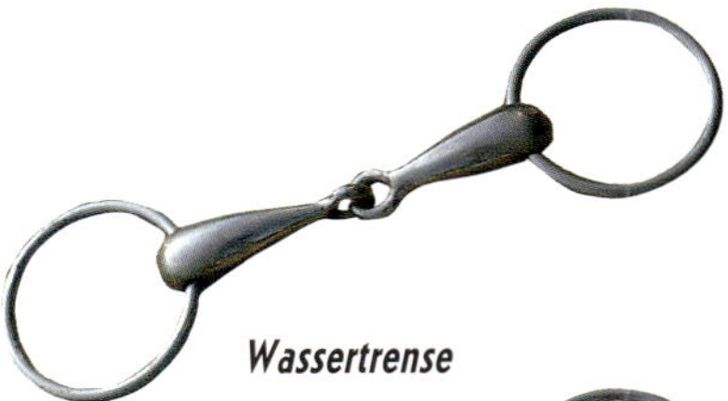

**Wassertrense**

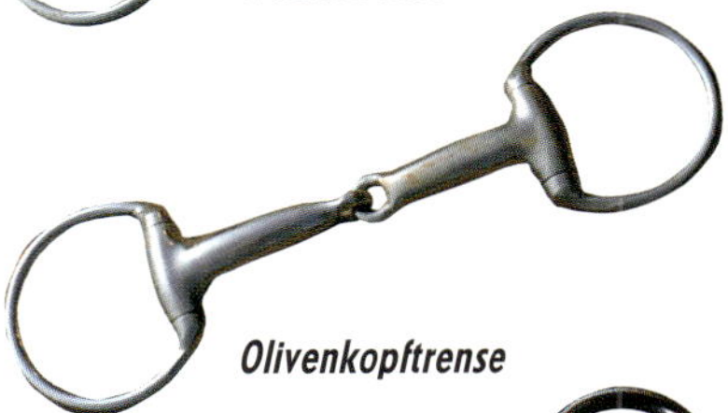

**Olivenkopftrense**

**doppelt gebrochene Trense**

***Oben:***
***Hannover'sches Reithalfter***
***Mitte:***
***Englisches Reithalfter***
***Unten:***
***Kombiniertes Reithalfter***

# MEHR ALS 1 PS: VOM UMGANG MIT DEM PFERD

So, jetzt stehen Sie in voller Montur im Stall, wippen erwartungsvoll mit der Gerte und wollen endlich aufs Pferd. Nur die Ruhe ... Vergessen Sie die Fahrschule, wo Sie sich sofort in eine Blechkarosse setzten, Sitz und Spiegel einstellten, den Zündschlüssel drehten und gleich mal als kleinen Geduldstest für den Herrn Fahrlehrer üben konnten, wie man ruckfrei die Kupplung kommen läßt. In einer Reitschule haben Sie es eben nur im weitesten Sinne mit 1 PS zu tun. Bevor ein Pferd Sie auf seinen Rücken läßt und dann auch noch tut, was Sie da oben von ihm verlangen, möchte es Kontakt zu Ihnen herstellen – und außerdem erstmal wissen, welche Rangposition Sie in dem ganzen Spielchen haben, weshalb Sie nun noch etwas über die „Beziehungskiste Mensch/Pferd“ erfahren sollen.

# WIE SIE IHR PFERD KENNEN-LERNEN

Eine gute Gelegenheit, das Wesen Ihres Pferdes zu erforschen und Ihren Pappenheimer wirklich kennenzulernen, haben Sie bei der Vorbereitung zum Reiten – beim *Grooming*, wie man Pflege und Versorgung auch nennt, und vor allem beim Führen und Spazierengehen.

Nun gibt es Reitschulen, in denen das „Drumrum" vom Pfleger erledigt wird und Sie mit den Pferden nur so lange zu tun haben, wie Sie draufsitzen. Und es gibt Schulpferde, denen es ziemlich egal ist, wer da oben herumturnt, sie haben über die Jahre schon zu viele, wechselnde Anfängerhintern durch den Unterrricht geschleppt, um noch von einem „neuen" Menschen ernsthaft Notiz zu nehmen. Ihre festen *Beziehungspunkte* sind das Stallpersonal und der Reitlehrer, und weder Streicheleinheiten oder Möhren im Kilo-Pack noch Gardinenpredigten bewegen diese stoischen Gemüter zum Umdenken.

### Überlassen Sie die Pflege nicht anderen

In einem solchen Stall können Sie zwar vielleicht hervorragend die Mechanik des Reitens lernen, den Umgang mit dem Pferd, das Eingehen auf seine Persönlichkeit und seine Bedürfnisse und die Auseinandersetzung mit seinem bisweilen ausgeprägten eigenen Willen lernen Sie nicht oder nur begrenzt.

Und spätestens, wenn Sie sich ein eigenes Pferd anschaffen wollen oder auch nur eine Reitbeteiligung an einem Privatpferd ansteuern, wird sich dieses Manko auswirken. Da sind Sie mit dem Tier nämlich plötzlich allein auf weiter Flur – und kein Reitlehrer greift helfend ein, wenn Sie aus irgendwelchen Gründen nicht klarkommen.

### Üben unter Anleitung

Wechseln Sie in diesem Fall also entweder den Stall oder – wenn der Unterricht so gut ist, daß Sie sich zumindest didaktisch an der richtigen Adresse fühlen – fragen Sie in dem Stall herum, ob es dort nicht ein Pferd oder Pony gibt, an dem Sie unter Anleitung eines erfahrenen Pferdemenschen die richtige Pflege, das Zäumen und Satteln und die Arbeit an der Hand lernen und üben können. Denn auch hier gilt: „Übung macht den Meister.

## Ihres Pferdes Zuhause

Glücklicherweise ist die früher übliche Anbindehaltung im Ständer heute nur noch selten anzutreffen. Pferde brauchen auch im Stall Bewegungsfreiheit. Sie werden das Pferd, das Sie reiten wollen, also meist aus einer Box oder – wenn's ein Stall ist, in dem auf möglichst artgerechte Haltung Wert gelegt wird – aus einer Außenbox mit Paddock oder einem Laufstall mit Zugang zur Koppel holen.

### Immer im Blickfeld

Mit Halfter und Anbindestrick in der Hand, nähern Sie sich dem Pferd am besten von schräg vorne. Wie Sie schon gelesen haben, ist das Gesichtsfeld des Tieres anders angelegt als beim Menschen, und aus dieser Position kann es Sie am besten erkennen. Hat es Ihnen das Hinterteil zugedreht, sprechen Sie es ruhig und deutlich an, locken es zu sich herum oder gehen in einem leichten Bogen (Sicherheitsabstand zur Hinterhand bei fremden Tieren!) in Richtung Pferdekopf.

### Begrüßung auf echt „Pferdisch"

Begrüßen Sie Ihr Rößlein freundlich, und je tiefer und beruhigender dabei Ihre Stimme klingt, desto besser. Lassen Sie es an Ihrer Hand schnuppern, klopfen Sie seinen Hals. Und wenn Sie mal eine echte Begrüßung unter Einhaltung der „pferdischen" Höflichkeitsfloskeln hinlegen wollen, dann tun Sie es Ihrem Vierbeiner nach, der Ihnen sicher schon neugierig die Nase entgegengestreckt und Sie „angepustet" hat – und blasen ihm einmal ganz sanft und vorsichtig in die Nüstern. An der Nasenpartie bilden die Equiden besonders intensiv ihren Eigengeruch aus, und bei der Begrüßung Nase an Nase tauscht man unter Pferds sozusagen die olfaktorischen Visitenkarten aus.

Zögern Sie nun aber nicht, wenn Sie das Halfter anlegen, und lassen Sie sich nicht auf irgendwelche „Diskussionen" oder Spielchen ein. Gehen Sie ruhig und konsequent vor, denn so zeigen Sie Ihrem Pferd, daß Arbeit angesagt ist und Sie dabei der Chef im Ring sind.

### Sie sind der Chef!

Darauf sollten Sie übrigens vom ersten Moment an ohne Wenn und Aber bestehen – und falls Sie zu den begeisterten Anhängern der Basisdemokratie gehören, raten wir Ihnen dringend, Ihre hehren Werte so lange zu vergesen, wie Sie sich unter Pferden aufhalten. Pferde sind Herdentiere und von Natur aus streng hierarchisch organisiert. Und wenn Sie nun als Mensch eine gute Beziehung zum Pferd aufbauen wollen, müssen Sie sich so verhalten, daß Sie in sein Weltbild passen. Das Pferd hat nicht die intellektuellen Fähigkeiten, sein naturgegebenes Sozialprogramm zu ändern – schon allein aufgrund Ihrer geistigen Überlegenheit ist es Ihr Job, aufs Pferd einzugehen, nicht umgekehrt.

*Nähern Sie sich dem Pferd auf der Koppel ruhig und ohne hektische Bewegungen, und lassen Sie es ein bißchen an Ihnen schnuppern*

*Pferde, egal ob groß oder klein, fechten untereinander höchst energisch die Rangordnung aus*

## Das A und O der Mensch-Pferd-Beziehung: Die Rangordnung

Was für eine wichtige Rolle die Rangordnung dabei spielt, hat Verhaltensforscher Dr. Michael Schäfer beschrieben: „In Nichtkenntnis der Dinge ist man gerne geneigt, das natürliche Leben als besser, schöner und vor allem als gerechter anzusehen als etwa unsere Gesellschaftsform … mit privilegierten und nichtprivilegierten Schichten. Gleiches Recht für alle gilt jedoch in der Natur in keiner Weise … Ganz im Gegenteil besteht bei sämtlichen gesellig lebenden Arten eine deutlich ausgeprägte und strikt eingehaltene Rangordnung, über die eifersüchtiger und konsequenter gewacht wird, als in den meisten noch so reaktionären menschlichen Gesellschaftssystemen. Diese feste Ordnung vermittelt auch den rangtieferen Individuen, die keineswegs unterdrückt und unglücklich wirken, ein Gefühl der Sicherheit, bei dem sie einen festen Platz in der Herde haben und genau wissen, was sie tun und lassen dürfen."

### Klären Sie die Rollenverteilung sofort

Die klare Regelung der Hierarchie ist eine der wichtigsten Voraussetzungen für den problemlosen Umgang mit Pferden. Und als vergleichsweise leichtgewichtiges, zerbrechliches Menschlein müssen Sie schon aus Sicherheitsgründen immer und überall die *Alpharolle* innehaben. Denn Ihr Sparringspartner bringt mühelos eine halbe Tonne und mehr an Kampfgewicht auf die Waage, von dem Sie vermutlich nicht so gerne – und sei es nur einmal ganz freundschaftlich unter Kumpeln – mit links an die Wand geklatscht werden möchten.

Außerdem sparen Sie sich viel Ärger, wenn Sie von vornherein all die kleinen Frechheiten abstellen, die sich ein Pferd gerne herausnimmt, solange es Sie nicht wirklich als Chef akzeptiert. Beginnen Sie also sofort nach der Begrüßung mit der Rollenverteilung – denn sonst erledigt das das Pferd für Sie.

### Konsequenz und dominante Körpersprache

In seinen Studien hat Dr. Michael Schäfer beobachtet: „Eine … Pferdeherde ist so lange eine friedliche Gemeinschaft, wie die Ranganspüche ihrer Individuen untereinander eindeutig geklärt sind. Werden aber fremde Tiere zusammengebracht …, so brechen sofort äußerst heftige Rangordnungskämpfe aus … Jedes Tier setzt sich dazu mit allen übrigen Herdengenossen einzeln auseinander, wodurch sich recht schnell die starken Persönlichkeiten, die nicht immer die körperlich größten und kräftigsten, sondern oft bloß temperamentsmäßig oder in ihrer Reaktionsfähigkeit überlegen sein müssen, herauskristallisieren … Diese manchmal sehr erbitterten Kämpfe können bis zu mehreren Tagen dauern."

Daraus folgt: Sie brauchen nicht wie Schwarzenegger daherzukommen, um Ihrem Pferd zu imponieren. Ihre Konsequenz, Ihre dominante Körpersprache, psychologisches Geschick und vorausschauendes Denken zeigen dem Pferd Ihre Überlegenheit. Aber: Ein ranghöheres Pferd wird Sie anfangs vielleicht öfters „testen".

### Verschaffen Sie sich Respekt

Hin und wieder werden Sie dabei auch mal „hinlangen" müssen, wenn ein Anpfiff nicht reicht. Daß Sie dabei nicht gewalttätig werden, sondern die Strafe auf das Nötigste beschränken, müssen wir wohl nicht extra betonen. Bei einem Sensibelchen mag es zum Beispiel völlig reichen, eine Gerte durch die Luft zischen zu lassen, ein Sturschädel braucht dagegen vielleicht einen energischen Klatscher aufs Hinterteil. Wie Sie am besten vorgehen, können Sie einschätzen, wenn Sie einmal Herdenchefs auf der Weide einige Zeit beobachten.

Dazu Dr. Michael Schäfer: „Die Überlegenheit eines Pferdes äußert sich darin, daß es ein anderes ungestraft androhen, den besseren Futterplatz einnehmen und als erstes eine besonders beliebte Wälzstelle benutzen darf … Jede Mißachtung durch ein rangniedrigeres Pferd, das sich nicht durch die deutliche Warnung des mit angelegten Ohren drohenden, zuweilen seitwärts ausscherenden und schweifdrehenden höhergestellten zur Ordnung rufen läßt, wird mit Bissen oder Schlägen der Hinterhand geahndet … Der Respekt vor einem sehr ranghohen Pferd ist so groß, daß er Angstgefühle oder heftige Wünsche zu unterdrücken vermag."

### Geistige Autorität

***Natürliche Autorität überzeugt nicht durch Kraftmeierei***

Dieser Respekt steht Ihnen als zweibeinigem *Alphapferd* auch zu. Und so wie der Herdenchef nur dann Schläge verteilt, wenn's gar nicht anders geht (dann aber zögert er nicht!), dirigieren Sie Ihr Pferd in erster Linie mit Ihrer geistigen Autorität. Seien Sie also in allem, was Sie vom Pferd verlangen, klar und eindeutig, damit es Sie auch verstehen kann. Wenn Sie bei einem Mißverständnis ungerechtfertigt grob werden, verschrecken Sie Ihr Pferd nur und geben ihm Grund, Ihnen zu mißtrauen. Denken Sie also bei Problemen zuerst darüber nach, ob Sie vielleicht einen Fehler gemacht haben, bevor Sie das Pferd strafen.

Unterbinden Sie allerdings Ungehorsam ruhig und konsequent, indem Sie ihn schon im Keim ersticken – und loben Sie Gehorsam. Und das immer. Lob ist der Schlüssel zu allem – das kennen Sie doch auch von sich selbst, oder?!

*Wie man das Halfter anlegt, zeigt Inga an unserem geduldigen Modellpferd Domi*

## Aufhalftern und Führen

Nun stehen Sie immer noch mit dem Halfter herum, und Ihr Pferd guckt Sie – hoffentlich – interessiert an. Dann legen Sie das Ding mal an.

### Aufhalftern

Das geschieht von *links*, wie überhaupt das Satteln, Zäumen, Führen, Auf- und Absitzen in der klassischen Reiterei immer von links vor sich geht – wir haben es ja hier mit einer Militärtradition zu tun, und der Soldat schwang sich seinerzeit bewaffnet aufs Roß, wobei links der Säbel hing, und er nur die rechte Hand frei hatte. Im Grunde also ein Anachronismus, an dem Sie nicht kleben müssen, der allerdings in vielen Ställen (und natürlich auf Tunieren) als „korrekt" gilt, weshalb Sie ihn beachten sollten. Im Westernstall sieht man das übrigens weniger streng, hier wird immer wieder auch mal von rechts gearbeitet – der Flexibilität von Roß und Reiter halber. Aber davon später.

### Richtiges Führen und Anbinden

Der Anbindestrick ist im unteren Ring des Nasenriemens mit dem Panikhaken eingeklinkt, und Sie führen nun das Pferd zum Putzplatz. Ihre Führposition ist an der linken Kopfseite, achten Sie dabei darauf, daß das Pferd nicht an Ihnen vorbeizieht. Sie sind hier der Alpha – ein Beta, der weiß, was sich gehört, geht nicht schneller als sein Herdenchef und überholt ihn auch nicht.

### Drehen Sie sich nicht dem Pferd zu

Sollte das Pferd Ihnen nicht gleich folgen wollen, zupfen Sie auffordernd am Führstrick (nicht ziehen – Dauerdruck provoziert nur Gegendruck!) – drehen Sie sich dabei aber nicht dem Pferd zu, denn damit erreichen Sie nur, daß es erst recht zur Salzsäule erstarrt. Ein Herdenchef, der frontal zu seinen Herdenmitgliedern steht und sie anschaut, wirkt wie eine rote Ampel. Alle parieren brav durch und warten, bis sich der Boß wieder in Laufrichtung dreht

und losmarschiert, um sich dann hinter ihm in Bewegung zu setzen. Deshalb ist es für das Pferd ganz natürlich, hinter Ihnen herzugehen, wenn Sie ihm den Rücken zukehren.

#### Der Sicherheitsknoten

Am Putzplatz binden Sie Ihr Pferd fest, und zwar so, daß es nicht loskommt, Sie selbst den Strick aber notfalls schnell lösen können. Wenn Sie Segler oder Bergsteiger sind, kennen Sie sicher einige Knoten, die geeignet sind.

Beim Anbinden von Pferden hat sich ein Sicherheitsknoten bewährt, den auch ein Entfesselungskünstler (und von der Sorte gibt's unter den Pferden mehr als Sie ahnen) nur mit Schwierigkeiten entwirrt, den Sie aber, wenn nötig, mit einem Ruck aufkriegen. Wie er geschlungen wird, zeigen wir Ihnen anhand der Zeichnung rechts.

Üben Sie ein paarmal, damit Ihnen das richtige Anbinden in Fleisch und Blut übergeht.

*Den Sicherheitsknoten können Sie mit einem Zug am Seilende aufziehen*

*Unten: Führen immer von links und stets etwas vor dem Pferd, respektive in dessen Kopfhöhe*

*Das Putzzeug auf einen Blick (von links nach rechts): Fett, Hufkratzer, Bürste, Kardätsche, Striegel, Tuch, Schwamm, Schweißmesser und Eimer*

*Seite 49, Hufeauskratzen: Gleiten Sie mit der Hand am Bein bis zur Fessel hinab. Auf leichten Druck und Zuruf sollte Ihr Pferd jetzt den Huf heben, so daß Sie bequem den Schmutz mit dem Hufkratzer entfernen können*

## DAS PUTZZEUG

Die gut sortierte Putzkiste sollte folgende Utensilien enthalten:

**Striegel:** einen aus Plastik, um grobe Schmutzstellen aus dem Fell zu reiben; einen aus Metall, um die Kardätsche daran abzureiben.

**Kardätsche:** eine größere für den Pferdeleib; eine kleinere, weichere für das Pferdegesicht.

**Hufkratzer:** zum Auskratzen der Hufe.

**Schwämme:** einen für das Gesicht, einen für die Geschlechtsteile.

**Wurzelbürste:** für groben Schmutz an den Beinen.

**Mähnenbürste:** mit Metallborsten für das Durchkämmen von Schweif und Mähne.

**Enthaarungsstriegel:** mit engen Zinken für den Fellwechsel.

**Wischtuch:** zum Abreiben.

**Schweißmesser:** zum Abziehen nachdem Waschen.

**Fett:** oder Hufbalsam zum Einfetten der Hufe.

## Putzen nach Plan

Die klassischen drei Arbeitsgeräte, um ein Pferd zu putzen, sind *Striegel*, *Kardätsche* und *Hufkratzer*. Damit bekommen Sie aber nur ein Pferd sauber, das täglich geputzt wird und daher sowieso kaum dreckig ist und dazu noch selten oder gar nicht auf die Koppel kommt. Ihr Pferd hat aber hoffentlich täglich Auslauf oder Weidegang, und wenn es sich auch nur einmal genießerisch im „Dreck“ gewälzt hat (was fast alle Pferde mehr oder minder ausgiebig tun, wenn sie die Gelegenheit dazu haben), sind Sie mit diesem rudimentären Instrumentarium aufgeschmissen. Was Sie noch alles zum Putzen brauchen, steht im Kasten links.

### Fellkraulen festigt die Beziehung

Die Pferdepflege dient nicht nur der Hygiene, das Bürsten regt auch den Kreislauf an und hat zudem einen sozialen Zweck: Mit gegenseitigem Putzen, dem sogenannten Fellkraulen, festigen Pferde ihre Beziehungen untereinander. Wenn Sie also ein guter „Fellkrauler“ sind, haben Sie bei Ihrem Pferd bald einen Stein im Brett.

**So putzen Sie richtig**

Wie gründlich Sie putzen, hängt von der Haltungsform ab. Stallpferde, die wenig Gelegenheit zur natürlichen Fellpflege haben und nicht oder selten der Witterung ausgesetzt sind, werden intensiver geputzt, robust gehaltenen Tieren entfernt man nur oberflächlich den groben Schmutz, damit das natürliche, schützende Hautfett weitgehend erhalten bleibt. Nur Kopf, Sattel- und Gurtlage werden gründlich gereinigt, damit es dort keine Druckstellen gibt.

**Hufe auskratzen**

Beim Putzen stehen Sie immer seitlich und nah am Pferd, auch das bravste kann mal ausschlagen – nach vorne nicht weniger heftig als nach hinten. Ihre erste Amtshandlung ist das Hufeauskratzen. Dazu heben Sie nacheinander alle vier Hufe hoch und entfernen eingetretenen Mist, Erde und Steinchen.

Huffett oder ähnliches (mit dem Sie generell sparsam sein sollten) tragen Sie übrigens nie vor dem Reiten auf, weil sonst Dreck und Sägemehl an den Hufen klebenbleiben.

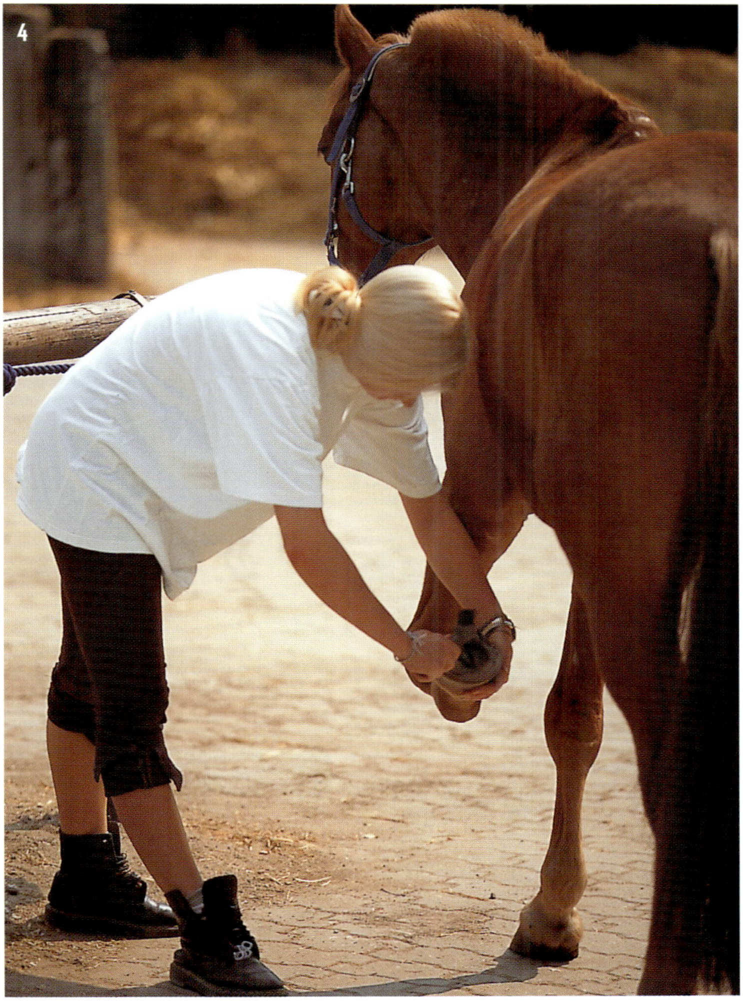

Noch einfacher geht's mit dem Gummistriegel, der ist sozusagen ein „Kombigerät" aus beiden.

**Mit Finger und Bürste**

Die Beine werden gebürstet. Dicke Mähnen und Schweife bearbeitet man mit der Schweifbürste, bei dünnen kommt der Mähnenkamm zum Einsatz, oft reicht es auch, wenn man sie nur mit den Fingern „verliest".

*Putzen Sie in großen Bögen, und streichen Sie zwischendurch die Kardätsche am Striegel ab*

**Mit Striegel und Kardätsche**

Dann greifen Sie zum Striegel. Putzrichtung ist immer vom Hals zur Kruppe, Sie halten den Striegel in der dem Pferd zugewandten Hand (wenn Sie an dessen linker Seite stehen, also links, sind Sie dann an der Kruppe angelangt, nehmen Sie ihn in die rechte). Nun rauhen Sie damit zuerst verkrustete Stellen auf – aber nur da, wo Muskeln sind, an Kopf und Beinen werden nur *weiche* Putzinstrumente eingesetzt! Dann fahren Sie mit der Kardätsche in großen Bögen *mit dem Strich* durchs Fell und streifen die Bürste jeweils am Striegel ab. Der wird ab und zu ausgeklopft.

*Eine Wurzelbürste für den groben Schmutz*

*Mit einer Schweifbürste bekommt man auch verfilztes Langhaar wieder glatt*

#### Mit Schwamm und Tuch

Wenn nötig, werden Augen und Nüstern sachte mit dem feuchten Schwamm gereinigt, ebenso die Geschlechtsteile (mit dem anderen Schwamm!). Das Innenleben der Ohren lassen Sie am besten in Ruhe, sollten außen Dreckkrusten kleben, entfernen Sie sie vorsichtig mit den Fingern. Schließlich wird der ganze Kopf sanft gebürstet oder mit dem Frottiertuch abgerieben.

So, und jetzt müssen Sie nur noch den Dreck zusammenkehren – und dann können Sie mit Ihrem Pferd „Gassi" gehen.

## Pflege danach

Nach der Action kommt noch eine Pflegemaßnahme: Kontrollieren Sie die Hufe, die Sehnen, waschen Sie im Sommer, wenn das Pferd an der Sonne trocknen kann, die verschwitzten Stellen (zum Beispiel Sattellage, Hals) mit klarem Wasser ab, in das Sie, wenn Sie was für den Säureschutzmantel tun wollen, einen kleinen Schuß Obstessig geben. Das überschüssige Wasser ziehen Sie mit dem Schweißmesser ab. Zwischen den Hinterbeinen verwenden Sie keinen Essig, dort ist die Haut zu empfindlich.

Auch die Beine mögen eine kleine Erfrischungsdusche – am besten mit Gießkanne und Schwamm. Das langandauernde Abspritzen mit starkem Strahl aus dem Gartenschlauch, wie es oft zu sehen ist, können wir Ihnen nicht empfehlen – weder der harte Strahl, noch die Dauerbearbeitung mit kaltem Wasser ist gesund für warmgelaufene Pferdebeine, da sich bei dieser rauhen Behandlung die Blutgefäße zusammenziehen.

#### Zum Eingang drehen

Na, und jetzt darf Ihr Pferd wieder in seine Box, in den Auslauf oder auf die Koppel. Egal, wo Sie es hinbringen, um es dann frei zu lassen – drehen Sie es immer gleich wieder in Richtung Eingang um, bevor Sie ihm das Halfter abschnallen und ihm eventuell noch ein Leckerli zuschieben. In der Box könnte es nach dem Futter schielen und Sie einfach hinter sich herzerren. Draußen auf der Koppel könnte es losdüsen und vor Begeisterung einen Buckler loslassen – und Sie wären nicht der erste, der dabei einen unfreiwilligen Kinnhaken einsteckt …

Deshalb: Immer erst zum Eingang stellen. Dann Leckerli füttern und dann erst das Halfter losmachen. So haben Sie genügend Zeit zurückzutreten, während sich das Pferd umwendet. Bei einem freudigen Luftsprung sind Sie so außer Reichweite.

*Nach der „Dusche" wird das Wasser mit einem Schweißmesser entfernt*

***Ist das Stallhalfter abgelegt (1), greifen Sie mit rechts die Trense unterhalb des Genickstücks (2) und legen das Gebiß mit der linken Hand ein (3 + 4). Ist das Gebiß im Maul, wird das Kopfstück über die Ohren gestreift (5), der Stirnschopf über das Stirnband gelegt (6) und dann der Kehlriemen geschlossen (7). Zum Schluß verschnallen Sie den Nasenriemen (8)***

***Wichtig: Zwischen Kehlriemen und Kehlkopf sollte eine aufgestellte Hand und zwischen Nasenriemen und Nasenrücken zwei Finger Platz haben***

## Auftrensen

Bei Ausflügen an der Hand sollten Sie Ihr Pferd immer aufgetrenst haben, das ist sicherer, als es am Halfter herumzuführen. Und ziehen Sie Handschuhe an. Wenn Ihr Halbtonner scheuen sollte und am Zügel reißt, müssen Sie sich ja nicht unbedingt die Hände dabei aufschürfen.

### So geht das Auftrensen

- Das Pferd steht ja noch angebunden am Putzplatz, Sie legen ihm jetzt das Halfter um den Hals, stellen sich mit dem Zaumzeug in der rechten Hand an seine linke Kopfseite, legen ihm den Zügel über den Hals und trensen auf.
- Wenn Sie das Reithalfter schließen, müssen zwei Fingerbreit „Luft" im Riemen sein. Beim Backenriemen muß eine Faust hineinpassen.
- Nun lösen Sie das Halfter, nehmen die Zügel wieder vom Hals, fassen sie mit der rechten Hand so, daß sie gleichlang sind und Sie das Pferd „im Griff", aber genügend „Spielraum" haben, und nehmen das Zügelende in die linke Hand.
- Sollte Ihr Pferd herumhampeln, können Sie rechts nämlich notfalls loslassen, und haben das Pferd trotzdem immer noch sicher in Ihrer Linken.
- Nehmen Sie eine nicht zu kurze Gerte mit (in linker Hand), mit der Sie Ihr Pferd auf Abstand halten oder es auch einmal antippen können, wenn es zu langsam geht.

### Im Doppelpack zum Grasen

Sie möchten Ihren Vierbeiner zwischendurch grasen lassen? Da stören natürlich Gebiß und Reithalfter, deshalb der Tip mit dem Doppelpack:

Lassen Sie das Pferd aufgehalftert, entfernen Sie das Reithalfter aus dem Zaumzeug (Sie haben doch schon mal ein Zaumzeug auseinandergebaut?), und legen Sie es über dem Stallhalfter an. Den Strick können Sie um den Pferdehals knoten, dann haben Sie unterwegs kein Leinengefummel. Wenn Sie nun an einer saftigen Wiese pausieren, trensen Sie einfach ab und halten das Pferd, während es grast, am Halfterstrick.

### Wickeln verboten!

Übrigens: Wickeln Sie sich den Strick nie (!) um die Hand, weil Sie meinen, so einen stabileren Griff zu haben. Ein scheuendes Pferd kann solche Kräfte entwickeln, daß von Ihren fragilen Mittelhandknochen nicht viel übrigbleibt. Wenn Sie das nicht glauben und in Kauf nehmen wollen, daß Ihnen auf der Stelle ganz anders wird, schauen Sie doch einmal bei einer medizinischen Sammlung vorbei, wo man derlei Blessuren fotografisch dokumentiert … Wir möchten weder, daß Sie sich den Daumen abreißen noch sonst irgendwie zu Schaden kommen, und deshalb sollten Sie beim Umgang mit der Masse Pferd immer konzentriert und vorausschauend agieren. So können Sie das Unfallrisiko minimieren.

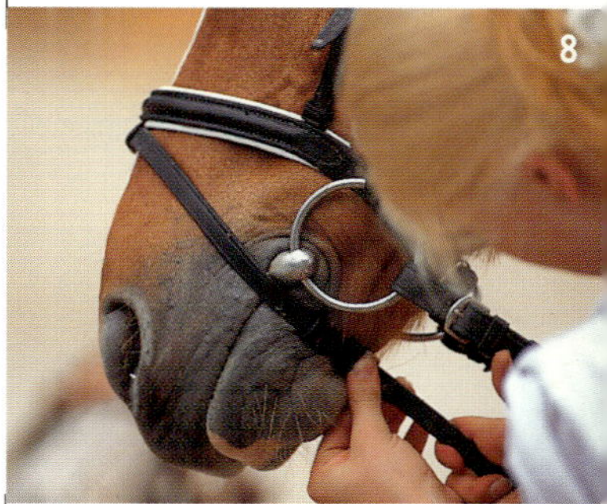


## DER PRAXISTIP

### Erziehen beim Spazierengehen

Je öfter Sie mit Pferden zusammen sind, mit ihnen herumbummeln, sie putzen und mit ihnen schmusen, desto mehr lernen Sie über die verschiedenen Charaktere, ihre Vorlieben und Abneigungen. Und Sie haben jede Menge Gelegenheiten, Hierarchie zu üben.

Das beginnt beispielsweise beim Führen damit, daß Ihr Pferd brav antritt, wenn Sie den ersten Schritt machen und stehenbleibt, wenn Sie das tun. Achten Sie darauf, daß es nicht zu Ihnen hindrängelt, sondern Abstand hält: als „Alphapferd" beanspruchen Sie Ihr Revier, das Betapferd hat an Ihrem Platz nichts zu suchen. Und auch wenn das Gras noch so lecker aussieht – Sie lassen sich natürlich nicht von einem vierbeinigen Gierschlund einfach die Zügel aus der Hand reißen, sondern achten darauf, daß er erst dann die Nase in der Wiese versenkt, wenn Sie ihm das gestatten.

An der Hand läßt sich mit einem Pferd generell sehr gut arbeiten, erzieherisch ebenso wie gymnastisch, aber es würde zu weit führen, wenn wir Ihnen hier noch ausführlich die Arbeit am Boden beschreiben. Wenn es Sie interessiert – es gibt mittlerweile sehr gute, ausführliche Bücher speziell zu diesem Thema.

## Satteln

Jeder Sattel soll zum Pferd, aber auch zum Reiter passen. Ist die Sitzfläche zu groß oder zu klein, rutschen Sie unweigerlich auf Ihrem Podex hin und her. Die Sattelblätter sollten deutlich unterhalb Ihrer Knie enden, um nicht mit dem Stiefelrand anzustoßen. So – und nun könnten Sie eigentlich satteln. Dazu binden Sie Ihr Pferd sicher an. Wenn es schon aufgetrenst ist, legen Sie ihm den Halfter wieder um den Hals.

### So wird der Sattel getragen

Den Sattel ziehen Sie vom Sattelbock und legen ihn sich über den linken Arm, mit der Kammer in Richtung Ihres Ellbogens. Achten Sie darauf, daß die Satteldecke ordentlich befestigt ist, der Gurt über der Sitzfläche liegt und nicht hinterherschleift und die Steigbügel hochgezogen sind. Das ist keine Pedanterie, sondern spart Ihnen und Ihrem Pferd erhebliches Gefummel beim Aufsatteln (Abbildung links oben).

### Ein Martingal zur Hilfe

Sollt Ihr Pferd zum Reiten ein Martingal tragen – das ist ein Hilfszügel, der verhindert, daß es den Kopf zu weit nach oben nimmt – legen Sie ihm als erstes den Martingalriemen um den Hals, dazu müssen Sie den Anbindestrick hindurchführen.

### So geht das Aufsatteln mit Martingal

- Nun heben Sie den Sattel von links so aufs Pferd, daß er vorne über dem Widerrist aufsetzt, lassen ihn sanft auf den Rücken gleiten und ziehen ihn in Fellrichtung (!) so weit nach hinten, daß er korrekt in der Sattellage liegt. Die Sattelunterlage darf auf keinen Fall Falten werfen (1+2).

- Nun lassen Sie den Gurt an der rechten Seite herunter, ohne daß er dem Pferd an die Beine knallt, ziehen ihn unterm Bauch durch, fädeln ihn durch die Schlaufe des Martingals und schließen ihn an den äußeren Gurtstrupfen unter dem linken Sattelblatt (3–7).
- Jetzt müssen Sie nur noch die Zügelschnalle öffnen, damit Sie die Zügel auf beiden Seiten durch die Martingalringe ziehen können, Schnalle wieder zu, fertig.

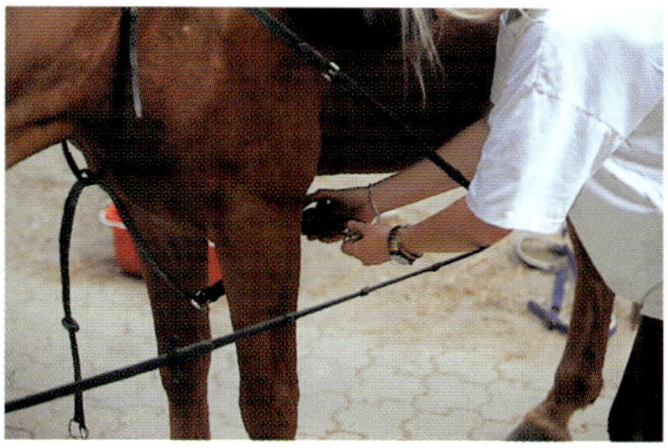

***Oben: Domi mit Martingal. Links: Der Gurt wird durch die Martingalschlaufe gezogen***

**Führen mit Martingal**

Das Martingal hat einen kleinen Nachteil, wenn Sie jetzt das Pferd führen wollen – Sie können die Zügel nicht mehr vom Hals nehmen. In diesem Fall nehmen Sie die Zügel so in die rechte Hand, wie Sie es auf dem Foto rechts oben sehen.

**So geht das Absatteln**

Wenn Sie wieder absatteln wollen, öffnen Sie den Gurt und lassen ihn vorsichtig herunter, damit die Schnallen nicht an die Pferdebeine schlagen. Den Martingalriemen ziehen Sie ab – meist bleibt er aber an der Trense. Nun ziehen Sie den Sattel, den Sie mit beiden Händen an der Vorder- und Hinterzwiesel fassen, vorsichtig herunter und legen ihn über Ihren linken oder rechten Unterarm. Mit der freien Hand greifen Sie den Gurt und legen ihn über den Sattel.

5

6

7

# ALLER ANFANG IST SCHWER – DIE ERSTEN REITSTUNDEN

Für die meisten „klassischen" Reitlehren ist es überhaupt kein Thema: Ein Anfänger kommt an die Longe. Nur da, so kann man lesen, bekomme er die Chance, den richtigen Sitz zu erlernen, nur da sei die nötige Sicherheit zu erlangen. Und nach den Longenstunden, so war es über lange Zeit ohne Debatte klar, seien dann die Abteilungsstunden fällig. Und irgendwann, so nach circa 40 bis 50 Stunden, habe der Anfänger dann Balance und Losgelassenheit erreicht und dürfe im Gelände reiten.

Tja ... wir haben Ihnen nie versprochen, daß es hier nach der Methode „Reiten lernen – leicht gemacht" gehen würde. Aber wir können die althergebrachte Methode ja wenigstens einmal in Frage stellen und Ihnen damit die Möglichkeit geben, eine eigene Entscheidung über Ihre Anfänge zu treffen.

# AN DER LONGE

Wenn Sie sich dafür entscheiden, Ihre ersten Versuche „an der Leine" zu machen: Sie sind in bester Gesellschaft. An der spanischen Hofreitschule in Wien fangen die jungen Bereiter mit der Longe an.

## Von den Vor- und Nachteilen

Fangen wir mit den Vorteilen dieser Methode an: Es ist gerade für einen Anfänger nicht leicht, seine Bewegungen und die des Pferdes zu koordinieren. Er hat alle Hände und Beine samt seiner Kehrseite voll zu tun, sich überhaupt im Sattel zurecht zu finden. Dabei auch noch darauf zu achten, daß das Pferd im richtigen Tempo und der richtigen Gangart in die richtige Richtung unterwegs ist – das wäre auf jeden Fall zuviel verlangt. Also kommt das Pferd an die Longe.

Damit ist es unter Kontrolle des Reitlehrers, und Sie als Reitschüler haben nichts anderes zu tun, als da oben Ihre Knochen richtig einzusortieren.

### Big brother is watching you

Dazu haben Sie die volle Aufmerksamkeit Ihres Reitlehrers. Er kann schon im Ansatz jede Unsicherheit korrigieren. Er wird darauf achten, daß sich in die Grundlagen Ihres Sitzes keine Fehler einschleichen, die sich „festsetzen" könnten. Dies ist ein nicht zu verachtender Vorteil, denn einen eingeübten Fehler wieder abzutrainieren, ist schwieriger als es gleich von Anfang an richtig zu erlernen.

Ein weiterer Vorteil der Anfänge an der Longe: Unsichere, ängstliche Reitschüler fühlen sich dabei deutlich wohler. Sie können im Wissen, daß der Reitlehrer das Pferd im Griff hat, entspannen und müssen nicht befürchten, durch ein ungeschicktes „Hampeln" eine Pferdebewegung auszulösen, die für sie noch nicht zu sitzen ist.

#### Ein nicht ganz preiswertes Vergnügen

Eine ganze Reihe von Vorteilen also, die man nicht verachten sollte. Ihnen stehen allerdings zwei Nachteile entgegen, über die nachzudenken auch lohnt. Der erste: Longenstunden können naturgemäß nicht billig sein. Der Reitlehrer konzentriert sich nur auf Sie, seinen Schüler, er ist eine Stunde lang ausschließlich mit Ihnen beschäftigt und – er hat ein Pferd, das damit natürlich mehr angestrengt ist als wenn es in der Abteilung unterwegs ist. Daher kosten Longenstunden in den meisten Reitvereinen und -ställen oft deutlich mehr als die Abteilungsreitstunden.

*An der Longe überwinden Sie das Anfängerstadium schneller*

#### Gefühl fürs Pferd und die Reiterei entwickeln können

Der zweite Nachteil von Longenstunden, eigentlich der wichtigere, über den Sie nachdenken sollten: Eine 45 Minuten dauernde Longenstunde ist anstrengend. Der Reitlehrer wendet Ihnen seine volle Aufmerksamkeit zu, er ist ebenso auf Sie konzentriert wie Sie auf ihn, und so werden Sie nach mancher Longenstunde im Gedanken „Ich bekomme eigentlich noch gar nichts vom Pferd mit" absteigen. Sie werden wahrscheinlich an die ersten Fahrstunden denken, in denen Sie sich gewünscht haben, nur einmal für ein paar Minuten geradeaus fahren zu dürfen, ohne dauernde Kommandos zu bekommen, Sie wollten einfach einmal für einen Moment „Fahrgefühl" entwickeln und sich auf das eigene Empfinden konzentrieren können.

#### Longenarbeit: Effektiv, aber schweißtreibend

Für einen Reitschüler ist das unserer Meinung nach sogar noch wichtiger. Und damit wären wir dann an der Frage, warum in den meisten Reitlehren die Longenstunden zum Anfang fast eine „heilige Kuh" sind – ganz einfach: der Effizienz halber. Unsere Reitlehren basieren eben, wie schon erwähnt, auf der guten alten Reitvorschrift für die Kavallerie. Als die geschrieben wurde, ging es darum, den Rekruten möglichst schnell zur Sicherheit im Sattel zu verhelfen. Dabei spielten Personalaufwand und das Wohlbefinden der Reitschüler nur eine untergeordnete Rolle. Sie hatten ihren Dienst zu verrichten und daß der anstrengend war – ja, die Firma Preußen stand nicht unbedingt dafür, ihren Mitarbeitern wohliges Behagen an erster Stelle zu setzen.

Damit ist die Entscheidung nun an Ihnen: Wenn Sie bereit sind, in Form von Muskelkater und schweißtreibender Arbeit ein wenig zu leiden, wenn Sie das Anfängerstadium sehr schnell überwinden wollen – dann sind Sie mit Longenstunden richtig bedient. Wenn Sie es aber lieber etwas ruhiger angehen lassen wollen, gibt's eine Ausbildungsmischform, die Ihnen vielleicht angenehmer ist.

## Abteilungsreiten

Heute wird es oft negativ betrachtet. Auch Sie werden immer wieder einmal hören, daß man in der Abteilung nicht viel lerne, daß Einzelstunden viel besser seien, und wenn man denn schon in der Gruppe reite, dann sei Einzelreiten doch viel besser.

Kurz zur Begriffsklärung: Beim Abteilungsreiten werden sämtliche Pferde hintereinander aufgereiht. Der erste Reiter, meist der erfahrenste, der schon am meisten kann, genannt der *Têtereiter*, ist am stärksten gefordert: Er muß die Kommandos des Reitlehrers umsetzen. Der Rest der Truppe kann's gelassener angehen: Da Pferde Herdentiere sind, kann er davon ausgehen, daß keines aus der Reihe tanzt. Allerdings: Gute Reitlehrer kennen ihre Pappenheimer und geben des öfteren Kommandos, bei denen alle im richtigen Moment das richtige tun müssen. Aber dazu später.

### Die Vorteile

Zu den Vorteilen des Abteilungsreitens gehört es, daß gerade ein Anfänger immer wieder die Chance hat, sich auf seinen Sitz konzentrieren zu können, wobei er sich meist darauf verlassen kann, daß sein Pferd in der Truppe keinen Unsinn macht. Ein weiterer Vorteil ist, daß beim Abteilungsreiten einiges Vertrauen ins Pferd wachsen kann. Bei einem guten Reitlehrer ist eine Reitstunde nämlich eine sehr ruhige, gelassene Veranstaltung.

### Die Nachteile

Ein Nachteil ist sicherlich, daß der einzelne Reiter in der Abteilung wenig Gelegenheit bekommt, seine Fortschritte in der Beherrschung des Pferdes zu überprüfen, weil er ja nie ganz sicher sein kann, ob seine Hilfe die Ausführung einer Aktion bewirkt hat oder ob das liebe Reittier einfach den anderen folgt.

## AUS DEM TAGEBUCH

### SLBs erste Reitstunde

Bei mir war es die Abteilung.

Mein Reitlehrer war der hervorragende Horseman Alfred Casper, und die Pferde, mit denen ich zu tun bekam, waren größtenteils von ihm gezüchtet und ausgebildet. Er kannte jedes Ganaschenhaar an ihnen und konnte sie mit der Stimme dirigieren.

Und so fand dann mein erster Versuch in der Abteilung statt. Ich durfte das altgediente, erfahrene und brave Schulpferd Ankara unter Anleitung putzen und satteln, dann ging's in die Halle. In der Mitte der Bahn bekam ich die ersten Anweisungen über das Aufsitzen und den Sitz im Sattel, dann machte mein Reitlehrer einen Knoten in die Zügel, für mich gab's die Anweisung, mich in der Sattelkammer festzuhalten, und dann ging es los – die Reiter vor mir steuerten ihre Pferde im Schritt auf den Hufschlag, Ankara folgte ihrem Herdentrieb und marschierte hinterher.

Als dann das Kommando „Antraben und Leichttraben" kam, folgte Ankara wieder ihrem Herdentrieb, mir erzählte der Reitlehrer unterdessen, was ich zu tun hätte und rief mir Korrekturen zu.

Und als er sah, daß bei mir der Schweiß zu fließen begann und ich mangels Kondition zunehmend verkrampfte, hieß es dann eben: „Ankara, komm mal her zu mir!" Mein Stütchen marschierte brav zur Mitte der Bahn, holte sich bei ihm ein Leckerli ab, ich durfte verschnaufen und bekam ein paar Erläuterungen – und so habe ich in aller Ruhe und mit zunehmendem Vertrauen zum Pferd meine ersten Reitstunden absolviert.

Ich bin keine Reiterin der allerhöchsten Güteklasse geworden, aber ich behaupte, daß ich zumindest losgelassen und in Balance sitze. Und ich bin meinem Reitlehrer dafür dankbar, daß er mir die Chance gelassen hat, mich im Sattel zurecht zu finden, ohne mich zu überfordern.

*Gute Reitlehrer sind jederzeit bereit, Ihnen zu helfen, wenn Sie nicht zurechtkommen*

## Die Mischung macht's

Und so kommen wir am Ende zu den „Mischformen": Die wohl beste Art, Reiten zu lernen, ist eine Verbindung aller Möglichkeiten. Ein Anfang an der Longe oder in der Abteilung oder andersherum – ein Anfang in der Abteilung, dann für den „Sitzfeinschliff" an die Longe, danach am besten in eine Gruppe, in der Abteilungs- und Einzelreiten abwechselnd praktiziert wird.

So werden Sie nicht nur in einiger Zeit mehr oder minder gut reiten lernen, sondern von Anfang an Freude an Ihrem Reitunterricht haben, weil Sie nicht überfordert werden und systematisch Fortschritte machen.

# GYMNASTIK ZU HAUSE UND AUF DEM PFERD

Sie haben schon in der Schule den Turnunterricht nicht gemocht? „Rumpfbeugen" und „Kerze" sind für Sie wenig reizvolle Antiquitäten aus Turnvater Jahns Kiste? Sie haben sich diesem Kapitel mit langen Zähnen genähert und gedacht: „Die wollen doch nicht etwa, daß ich jetzt erst mal das Turnen kriege?"

Wunderbar, Sie sind hier richtig, Sie werden von Autorinnen bedient, denen man einiges bieten müßte, um sie auf Gymnastikschläppchen (möglichst noch mit einem Gong in der Hand) in eine Turnhalle zu bringen. Aber: Reiters williger Geist in einem schwachen Körper ist dummerweise nicht nur der Garant für Reiters Muskelkater, sondern macht außerdem dem Pferd wenig Freude, weswegen Sie und wir nun wohl doch nicht umhinkommen, etwas Vorbereitungstraining zu betreiben. Wir versprechen aber, daß wir Sie schonend behandeln werden!

# VORBEREITUNGSÜBUNGEN ZU HAUSE

An dieser Stelle haben wir eine gute und eine schlechte Nachricht für Sie. Die gute: Sie dürfen es sich erst einmal bequem machen. Steigen Sie in ein gemütliches Outfit, in dem nichts drückt und einengt. Dann dürfen Sie sich lang machen. Legen Sie sich am besten irgendwo auf den Fußboden, strecken Sie alle Viere von sich, und schließen Sie die Augen. Nein, jetzt bitte nicht gleich einschlafen! Wir haben noch etwas mit Ihnen vor – Sie sollen sich nämlich entspannen, und das bedarf in diesem Fall einer gewissen Konzentration. Das ist kein Paradoxon, sondern der Weg, sich gezielt locker machen zu können.

*Ein ganz entspannter Ausritt in den Sonnenuntergang – selbst dieser setzt physische Fitneß voraus*

## Entspannen Sie sich!

Warum Sie sich locker machen sollen? Ganz einfach: Das, was im Sattel für Sie und das Pferd anstrengend bis schmerzhaft sein kann, das, was letztendlich zu Ihrem Muskelkater führen wird, sind Verspannungen. Ein lockerer Reitermuskel wird von der Bewegung des Pferdes weniger gestaucht und durchgeschüttelt, er leistet weniger Widerstand und wird daher bedeutend weniger angestrengt und „übersäuert". Doch um ihn im Ernstfall lockern zu können, müssen Sie bewußt mit ihm umgehen können. Gute Reiter zeichnen sich in fast allen Fällen durch ein ausgeprägtes Körpergefühl und gute Körperbeherrschung aus.

Eins vorab: Wenn Sie autogenes Training beherrschen oder Tai Chi und ähnliches praktizieren, können Sie natürlich auch diese Methoden anwenden. Ansonsten – viel Spaß bei unseren kleinen Übungen.

#### Entspannungsreise durch den Körper

#### Schulterpartie

Sie liegen bequem? Dann fangen wir von oben nach unten an. Versuchen Sie, sich Ihrer Schultern bewußt zu werden. Fühlen Sie die einzelnen Muskeln? Am Anfang werden Sie dazu wahrscheinlich eine kleine Bewegung brauchen – zucken Sie einoder zweimal mit der linken und der rechten Schulter, spannen Sie sie fest an. Nun versuchen Sie, sie ganz weich werden zu lassen. Am besten gelingt das, wenn Sie tief einatmen (dabei sind die Muskeln noch gespannt) und sich im Ausatmen bewußt in die Entspannung fallen lassen.

#### Armmuskulatur

Weiter geht es mit der Muskulatur der Arme. Spannen Sie die Oberarmmuskeln an, machen Sie sich die Muskeln bewußt, und bemühen Sie sich beim Ausatmen, auch diese Gruppe zu lockern, setzen Sie die Übung für die Unterarme und Hände fort, bis Sie das Gefühl haben, in diesem Bereich wirklich relaxed zu sein.

#### Bauch- und Beckenbereich

Danach sind nun der Bauch und vor allem der für den Reiter so wichtige Beckenbereich dran. Machen Sie das Gesäß locker – jetzt müßten Sie eigentlich etwas spüren: Schieben Sie einmal die Hände unter Ihre Kehrseite, entspannen Sie die Gesäßmuskulatur. Nun fühlen Sie Ihre Gesäßknochen, Sie können sie deutlich ertasten. Ja, genau die zwei „Höcker" sind es, auf denen Sie nachher bequem im Sattel Platz nehmen sollen. Bequem wird's dadurch, daß Sie es schaffen, die umliegenden Muskeln als „Polster" einzusetzen. Das geht nur, wenn diese Muskeln entspannt sind. Angespannt sind sie nämlich hart und damit immer in Opposition zum ebenfalls harten Sattel, in den Sie Ihr Gesäß doch aber weich schmiegen sollen, um weder ihm noch dem Pferderücken darunter weh zu tun.

#### Beinmuskulatur

Weiter geht es mit den Beinen – auch die Ober- und Unterschenkel müssen lernen, weich zu werden, die Spannung, die Sie nachher brauchen, entsteht daraus, daß Sie die Muskeln beherrschen können.

### Sind Sie locker?

Es dauert eine ganze Weile, und es erfordert sogar einige Konzentration, bis Sie es schaffen, Ihren Körper wirklich gezielt zu entspannen. Dabei können Ihnen Formeln aus dem autogenen Training zusätzlich helfen.

#### Schwer und warm

Stellen Sie sich vor, daß Ihre Arme und Beine ganz schwer werden, und sprechen Sie es sich vielleicht sogar laut vor. Die Gliedmaßen fühlen sich nach einer Weile tatsächlich schwer an – Ergebnis der tiefen Entspannung ist nämlich, daß Sie die Schwerkraft plötzlich sehr deutlich wahrnehmen. Dann sagen Sie sich vor, daß Ihre Arme und Beine angenehm warm werden. Bald werden Sie merken, wie sich die Adern erweitern, das Blut in den Gliedmaßen besser strömt – und es wird tatsächlich warm.

Die Schwere- und Wärmeformeln können Sie gezielt für einzelne Körperregionen ebenso einsetzen wie für die gesamte Muskulatur. Wenn Sie sich noch nicht so sicher sind, gehen Sie in Ruhe Körperteil für Körperteil durch. Später können Sie dann den ganzen Körper „in einem Stück“ entspannen.

## AUS DEM TAGEBUCH

### Was SLBs Zahnarzt mit Ihrer Reiterei zu tun hat

Ich gestehe: Ich bin ein Feigling mit einer ausgeprägten Zahnarztphobie. Eines Tages aber kam mir die Erlösung: Ein Freund gab mir die Telefonnummer eines Zahnarztes, der mit Hypnosebehandlung arbeitet. Ich war skeptisch, aber ich war auch genug genervt von schmerzhaften Behandlungen und bereit, es auszuprobieren. Und so erinnere ich mich an meine erste Sitzung – verkrampft und verschwitzt, ein Häuflein Elend, kauerte ich in dem Stuhl, der für mich schon immer ein „Marterstuhl“ gewesen war. Den Dottore, der vor mir stand, empfand ich als „Superoptimisten“, als er mir die Geschichte von der „Entspannung“ erzählte. Ich? In einem Zahnarztstuhl entspannen? Ja, warum denn nicht gleich auf dem Henkersblock?

Doch den Doktor irritierte es nicht. Beruhigende Musik, eine beruhigende Stimme, die Versicherung, daß er mir nichts tue, wozu ich nicht bereit sei und Entspannungsübungen ... er führte das ganze Repertoire an Entspannungsübungen mit mir auf, und ich habe es bei ihm so erlernt, daß ich mittlerweile nicht nur in seinem Stuhl entspannen kann, sondern auch auf meinem Bürostuhl oder im Sattel. Wenn ich im Sattel wieder einmal merke, daß meine angeschlagene Schulter oder das leicht kaputte Knie schmerzen, pariere ich zum Schritt durch und lockere die betroffenen Muskelpartien, was den Schmerz schon im Ansatz vertreibt.

Daher mein Rat an die, die wie ich dazu neigen, sehr in Spannung zu sein: Bemühen Sie sich darum, Entspannungstechniken zu lernen. Es gibt jede Menge mehr oder weniger schlauer Bücher dazu im Buchhandel, an den meisten Volkshochschulen werden Kurse angeboten. Sie tun sich nicht nur fürs Reiten einen Gefallen damit!

#### Noch etwas Gymnastik gefällig?

Kleiner Rat unter uns: Wenn Sie Ihre liebe Familie nicht unbedingt zu Lachstürmen hinreißen wollen, machen Sie's erst mal alleine! Reiten beansprucht nämlich genau die Muskelpartien, die sonst wenig zu tun haben, weswegen die spezifischen Übungen fürs Reiten manchmal auf Nichtreiter sehr komisch wirken können. Aber bevor es richtig losgeht, wärmen Sie sich gut auf – beispielsweise durch Gehen oder Laufen auf der Stelle. 5 Minuten reichen aus.

## Dehnen und Kräftigen
## Übung 1:

**Stretching für den Bereich der „private parts", die Adduktoren**

So Sie, geschätzter Leser, eine Leserin sind, haben Sie wahrscheinlich auch einmal beigebracht bekommen, daß Sie immer schön mit geschlossenen Beinen sitzen und stehen sollten, weil sich das für ein Mädchen so ziemt. Doch nun dürfen Sie Unziemliches tun: Legen Sie im Sitz die Füße mit den Sohlen aneinander, und ziehen Sie sie mit den Händen zum Gesäß. Halten Sie den Oberkörper dabei brettgerade. Mit dem Rücken an einer Wand geht's übrigens einfacher. Aus dieser Position drücken Sie mit den Unterarmen die Knie nach unten.

Die Herren unter den Lesern dürfen dasselbe tun – und geschlechtsübergreifend werden Sie feststellen, daß das erstmal „ziept". Und zwar in Gegenden, über die man als wohlerzogener Mensch normalerweise schweigt ... Die Muskeln in Ihrem Unterleib sind nicht daran gewöhnt, auf diese Art beansprucht zu werden. Dummerweise werden sie das aber im Sattel, und je öfter Sie sie beanspruchen, desto schneller gewöhnen sie sich daran.

Bitte übertreiben Sie am Anfang nicht! Sie sollen sich bei solchen Übungen ja nicht die Muskeln zerren, sondern sie langsam daran gewöhnen, etwas gedehnt zu werden!

## Übung 2 :

**Der Hocker und die Rückenmuskulatur**

Reitübungen müßten eigentlich für die, die in ihrer Jugend dauernd als „Zappelphilipp" geschimpft worden sind, wundervoll sein, denn jetzt dürfen Sie sogar einmal mit einem Stuhl kippen! Am besten ist's allerdings, wenn Sie dazu einen Hocker ohne Lehne nehmen. Setzen Sie sich auf die Kante, stellen Sie die Füße bei leicht geöffneten Beinen fest vor sich hin. Nachdem Sie bei unseren Entspannungsübungen ja Ihre Rückenmuskulatur kennengelernt haben, wird es nun kein Problem für Sie sein, die anzuspannen (halten Sie den Rücken dabei gerade), und richten Sie das Becken auf, indem Sie die Gesäßknochen quasi nach vorne „schieben" – dabei kippt dann auch Ihr Hocker nach vorne. Es ist dieselbe Bewegung, die Sie auf einer Schaukel durchführen, um sie in Schwung zu bekommen. Und genau diese Bewegung werden Sie im Sattel brauchen, nämlich dann, wenn Ihr Reitlehrer Ihnen erzählt, daß Sie „mit Kreuz" arbeiten sollen. Und es ist die

Bewegung, mit der Sie den Trab über die Hüfte ausfedern können, wenn Sie ihn weich sitzen wollen.

## Übung 3:

**Dehnung der Schultergürtel- und Armmuskulatur**

Wer nie mit verspannter Schulter zu Pferd saß, weiß gar nicht, wieviel Muskeln er in diesem Bereich hat! Und wahrscheinlich hat er bis dahin auch gar nicht gewußt, in welch „verhärtetem" Zustand diese Muskeln sind! Für die sollten Sie möglichst oft etwas tun und darum die folgende Übung. Legen Sie im Sitz oder im Stand die Handinnenflächen gekreuzt ineinander, und strecken Sie nun die Arme nach oben hinten, wobei die Handflächen fest aneinandergepreßt werden.

*Das Kreuzanziehen üben Sie am besten auf einem Hocker*

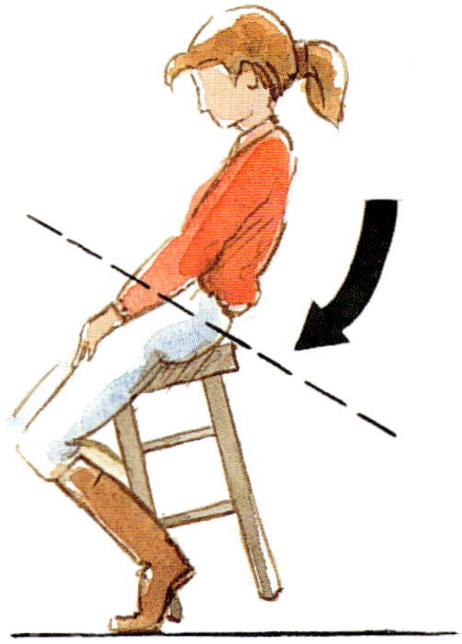

## Übung 4:

**Kräftigung der Rücken- und Gesäßmuskulatur**
Wie wichtig eine gute Rücken- und Gesäßmuskulatur für das Reiten und insbesondere für die Einwirkung auf das Pferd ist, haben wir Ihnen ja bereits mehrmals ans Herz gelegt. Hier nun eine einfache Methode, diese Muskelgruppen zu trainieren.

Stellen Sie in Rückenlage beide Füße auf, und legen Sie die Hände neben das Gesäß auf den Boden. Heben Sie nun das Becken an, bis der Körper vollkommen gestreckt ist. In der Endposition liegen Kniegelenk, Becken und Schultergelenk auf einer Linie.

## Übung 5:

**Kräftigung der Adduktoren**
Sie werden ihn noch oft genug hören, den Lieblingssatz der Reitlehrer der klassischen Lehre: „Sie sollen nicht nur draufsitzen, sondern aktiv reiten!" Und aktiv reiten heißt hier, daß das Pferd immer einen treibenden Impuls über die Unterschenkel bekommt, wofür letztendlich eine kräftige Adduktorenmuskulatur verantwortlich ist.

Kreuzen Sie in leichter Hockstellung die Arme, so daß die Handinnenflächen die Kniegelenke umfassen. Der Oberkörper ist gerade, die Füße sind etwa schulterbreit auseinander. Versuchen Sie nun, aus dieser Stellung die Knie gegen den Druck der Arme zusammenzudrücken. Normalerweise ist die Armkraft so stark, daß keine Bewegung zu sehen sein wird.

Variieren Sie die Übung: Legen Sie einen Unterarm im Sitz zwischen die gebeugten Kniegelenke, die Füße sind angestellt. Versuchen Sie jetzt, gegen diesen Widerstand, die Beine zusammenzupressen.

## Übung 6:

**Dehnung der Unterschenkelrückseite**

Für den geforderten „tiefen Absatz“ und die „langen Beine“ sollten Sie eine gut gedehnte Wadenmuskulatur besitzen.

Setzen Sie dazu im leichten Ausfallschritt den hinteren Fuß mit dem Ballen auf. Beugen Sie den Oberkörper brettgerade nach vorne, und stützen Sie mit den Händen auf dem Oberschenkel des gebeugten Beines ab. Pressen Sie aus dieser Position die Ferse des hinteren Fußes flach auf den Boden. Je weiter der Ausfallschritt, desto größer wird der Dehnreiz.

## Übung 7:

**Dehnung der Unterschenkel- und Fußmuskulatur**

Eine weitere Partie, deren „Lockerheit“ für Sie sehr wichtig ist, ist das Fußgelenk. Damit haben Sie den Schwung des Trabes abzufedern, es dient als „Stoßdämpfer“ bei der Landung nach einem Sprung, und daher braucht es Beweglichkeit.

Versuchen Sie aus dem Langsitz, mit den Füßen möglichst große Kreise zu beschreiben. Das Fußkreisen wird durch das Strecken und Beugen der Zehen unterstützt. Ein kompletter Kreis entspricht einer Übungswiederholung. Kreisen Sie mit den Füßen in die beide Richtungen. Den Oberkörper halten Sie aufrecht. Wichtig ist, daß Sie diese Übung barfuß ausüben.

Eine Variation: Malen Sie doch einmal mit Ihren Füßen respektive mit Ihren Zehen! Und wer es schafft, den Satz „Ich mag Gymnastik doch!“ mit der Zehenspitze zu malen, wird von weiteren Trockenübungen fürs erste erlöst und darf sich aufs Pferd schwingen.

### DER PRAXISTIP

#### So üben Sie richtig

- Lesen Sie sich anfangs bei jeder Übung erst die komplette Übungsbeschreibung durch.
- Halten Sie die Endposition bei allen Dehnübungen etwa 10 Sekunden, bei den Kräftigungsübungen zwischen 3 bis 5 Sekunden.
- Entspannen und lockern Sie die Muskulatur zwischen den Dehnübungen. Vermeiden Sie aber bei der Kräftigung zwischen den Übungswiederholungen eine komplette Erschlaffung der Muskulatur. Eine Lockerung führen Sie erst nach einer Serie oder einem Satz durch, der sich aus mehreren Übungswiederholungen zusammensetzt.
- Als Einstieg sollten Sie bei den Kräftigungsübungen 3 bis 5 Wiederholungen je Körperseite üben. Steigern Sie bis auf 10 Wiederholungen je Serie.
- Die Dehnübungen wiederholen Sie je Körperseite 3mal.

# GYMNASTIK AUF DEM PFERD

***Freihändig und „freifüßig" lernt man schnell, sich in der Bewegung des Pferdekörpers auszubalancieren***

Zu allererst: Lassen Sie sich nicht irritieren! Es gibt leider immer noch einige Reiter, die meinen, einen Anfänger begrinsen zu müssen. Mopsen Sie sich nicht darüber, sondern denken Sie einfach mit einem kleinen Grinsen daran, daß diese Herrschaften auch mal angefangen haben … Und wenn die gar zu selbstherrlich sind, dürfen Sie auch noch im Gedanken, daß Sie in absehbarer Zeit eh besser sein werden, in sich hineingrinsen! Eifern Sie „Vorturner" Ludger Beerbaum nach, der Ihnen auf den folgenden Seiten einige einfache Übungen zeigt.

Übrigens: Am Anfang gehen die an der Longe am besten. Später, wenn Sie sich auf dem Pferd etwas wohler fühlen, können Sie solche Entspannungs- bzw. Gymnastikübungen durchaus auch in der Reithalle oder auf dem Platz ausführen, damit Sie sich ganz auf sich selbst konzentrieren können. Damit Ihnen der Zügel nicht auskommt, machen Sie im Zweifelsfall einfach einen Knoten, und legen Sie ihn damit auf den Pferdehals. Oder noch besser, ein Helfer hält Ihr Pferd, jedenfalls so lange Sie noch zu den Greenhorns zählen, am Zügel fest.

## Übung 1:

**Aktivieren der Rumpf- und Schultermuskulatur**
Kreisen Sie Ihre ausgestreckten Arme vorwärts und rückwärts neben dem Körper. Sie erhöhen den Schwierigkeitsgrad dieser Übung, indem Sie die Arme gegenkreisen.

- Kreisen Sie 10mal in jeder Richtung.

## Übung 2:

**Dehnung der Hüftbeuger und Kniestrecker**

Ergreifen Sie jeweils einen Fuß und führen Sie diesen so weit es geht zum Gesäß. Achten Sie dabei darauf, daß das Becken mit Hilfe der Bauchmuskulatur aufgerichtet bleibt. Nehmen Sie aus Sicherheitsgründen auch den anderen Fuß aus dem Steigbügel.

➢ Halten Sie die Dehnposition 3mal circa 10 Sekunden. Vergessen Sie nicht Ihr anderes Bein!

## Übung 3:

**Dehnung der Hüftbeugemuskulatur**

Greifen Sie mit einer Hand den Unterschenkel, und ziehen Sie das gebeugte Knie so weit es geht zum Oberkörper, der sich aber nicht nach vorne beugt, sondern aufgerichtet bleibt. Nehmen Sie auch hier wieder aus Sicherheitsgründen auch den anderen Fuß aus dem Steigbügel.

➢ Halten Sie die Dehnposition 3mal circa 10 Sekunden. Vergessen Sie nicht Ihr anderes Bein!

## Übung 4:

**Dehnung der Unterschenkelmuskulatur**

Heben Sie Ihr Gesäß aus dem Sattel, so daß Ihr gesamtes Gewicht auf den Steigbügeln lastet. Der Steigbügel sollte sich in der korrekten Position exakt unter dem Fußballen befinden. Drücken Sie nun den Absatz durch Ihr Gewicht nach unten, hierdurch dehnen Sie die Unterschenkelmuskulatur.

➢ Halten Sie die Dehnposition 3mal 10 Sekunden.

## Übung 5:

**Aktivierung der Rumpf- und Schultermuskulatur**

Strecken Sie abwechselnd Ihre Arme so weit wie möglich nach oben, und greifen Sie mit Ihren Händen. Stellen Sie sich vor, Sie könnten Ihren Oberkörper mit Hilfe dieser Übung nach oben auseinanderziehen.

➤ Greifen Sie mit jeder Hand 10mal nach oben.

## Übung 6:

**Aktivierung der Rumpf- und Schultermuskulatur**

Versuchen Sie, abwechselnd mit der rechten Hand die linke und mit der linken Hand die rechte Stiefelspitze zu erreichen, indem Sie Ihren Oberkörper langsam aus der aufrechten Position nach vorne seitwärts beugen. Haben Sie die Fußspitze erreicht, wird diese Position für 5 Sekunden gehalten, wonach Sie den Oberkörper vom Becken her langsam aufrichten, um sich dann zur anderen Seite zu beugen. Falls Sie die Fußspitze nicht auf Anhieb erreichen können, fassen Sie zunächst an Ihr Schienbein.

➤ Berühren Sie jede Fußspitze 10mal.

Ganz am Ende: Bitten Sie Ihren Reitlehrer einmal, Sie für ein paar Minuten im Schritt auf das ungesattelte Pferd zu setzen! Im unmittelbaren Kontakt mit dem Pferderücken werden Sie nicht nur den Sattel zu schätzen wissen (wer Steißbein gegen Dornfortsatz fühlte, weiß, wovon die Rede ist), sondern auch mehr Gefühl für die Bewegung bekommen.

# SCHRITT, TRAB, GALOPP – UND VOR ALLEM: RICHTIG SITZEN

Wir gratulieren, Sie haben es geschafft! Jetzt geht es wirklich mit der Reiterei los. Aber wir müssen Ihnen schon wieder eine Enttäuschung bereiten: Wenn Sie gedacht haben, daß Sie sich ruhig im Sattel niederlassen dürften und der Rest schon vom Pferd erledigt wird, war's wieder nix. Das Gegenteil ist der Fall: Reiten ist Bewegung pur. Aufsitzen ist ja noch ganz einfach, weil das Pferd im Normalfall dabei steht. Aber dann setzt es sich in Bewegung, und Sie werden mit der Aufgabe konfrontiert, sich mit dieser Bewegung in Einklang zu bringen. Gar nicht so einfach, glauben Sie es uns. Was da unter Ihnen passiert und wie Sie damit klarkommen können – hier verraten wir es Ihnen.

# DAMIT FÄNGT ES IMMER AN: AUFSITZEN

1

2

3

Wenn Sie zum erstenmal neben ihrem Pferd stehen und auf den Sattel schielen, der da in Ihrer Schulterhöhe oder noch höher liegt, dann kann es schon sein, daß Sie sich eine Leiter wünschen. Etwas ähnliches haben Sie: die Steigbügel. Allerdings hängen auch die ziemlich weit oben ... tja ... wie denn nun in den Sattel kommen?

## Schulbuchgerecht

Fangen wir's schulbuchgerecht mit den Vorbereitungen an: Fassen Sie in den Zügel (einfach den Arm durchstecken). Zwar wird das Schulpferd, das man Ihnen für die ersten Anfängerübungen verpaßt, sowieso ruhig stehen, aber Sie sollten sich schon für die Zukunft angewöhnen, daß man ein Pferd nie frei stehen läßt. Auch das ruhigste Pferd kann einmal erschrecken und losrennen – und wieviel Chancen Sie haben, wenn Sie hinterherrennen müssen, können Sie sich selbst ausrechnen.

### Zaumzeug und Sattelgurt prüfen

Also, Arm durch den Zügel. Schauen Sie nun noch einmal aufs Zaumzeug: Alles richtig verschnallt und verpaßt? Dann kontrollieren Sie den Sattelgurt. Wenn Sie nicht vorhaben, ein Debüt als Witzfigur zu geben, sollten Sie darauf achten, daß er stramm angezogen ist. Das müssen Sie meist selbst erledigen, denn beim Satteln blasen sich fast alle Pferde auf – und später schlackert der Sattelgurt dann locker herum. Also: erst einmal nachgurten.

4

### Bügel einstellen

Soweit gediehen, sind die Bügel dran. Legen Sie eine Hand oben auf die Schließe, und ziehen Sie den hochgezogenen Bügel am Riemen an Ihrem ausgestreckten Arm entlang herunter. Wenn die Trittfläche Ihre Achselhöhle berührt, stimmt die Länge einigermaßen. Das gilt selbstverständlich für beide Bügel, die natürlich gleichlang sein müssen. Und (der Tip stammt aus der Erfahrung der Autorin SLB) ziehen Sie beide Schnallen wieder richtig unters Sattelblatt! Mit dem Oberschenkel auf der Schnalle zu sitzen, ist nämlich sehr unangenehm und führt mindestens zu blauen Flecken, und gerade dem Anfänger fällt es schwer, Bügelriemen von oben richtig zu ordnen.

### So geht's hinauf

- Fertig? Wunderbar, nun dürfen Sie aufsitzen. Sie stellen sich jetzt auf die linke Seite des Pferdes, den Rücken dem Pferdekopf zugewandt. Die linke Hand greift über den Mähnenkamm nach den Zügeln, so daß der rechte Zügel zwischen kleinem Finger und Ringfinger und der linke Zügel in der vollen Hand liegt. Gewöhnen Sie sich bitte gleich an, die Zügel leicht „anstehen" zu lassen, das heißt, sie müssen eine Verbindung zum Pferdemaul spüren. Damit signalisieren Sie dem Pferd, daß es brav stehenbleiben soll

- Nun greift die linke Hand, in der Sie die Zügel halten, in den Mähnenkamm des Pferdes (ja, an dem kann man sich richtig gut festhalten – am Zügel dürfen Sie sich niemals hochziehen!), die rechte Hand nimmt den Bügel und dreht ihn im Uhrzeigersinn quer zum Pferd. Im Uhrzeigersinn, denn dann liegt der Bügelriemen, wenn Sie im Sattel sitzen, gerade an ihrem Unterschenkel an. Steigen Sie von der falschen Seite in den Bügel, haben Sie den berühmten „Korkenzieher“ im Riemen – und das sieht nicht nur unordentlich aus, sondern macht auch so nette, kleine Druckstellen an der Wade …
- Die linke Fußspitze setzen Sie jetzt bis zum Ballen in den Bügel – ja, das bedarf schon gewisser gymnastischer Qualitäten, aber nur Mut! Das Knie wird an den Sattel gelehnt, die rechte Hand faßt hinten an den Sattel (Hinterzwiesel), mit dem rechten Bein schnellen Sie sich ab und federn mit leicht nach vorne geneigtem Oberkörper in die Höhe. Dabei drehen Sie sich dem Pferd zu – möglichst ohne ihm die Stiefelspitze in die Rippen zu bohren …
- Sie sollten soviel Schwung haben, daß Sie Ihren rechten Fuß ohne „Tritt“ in die Kruppe übers Pferd bringen, aber nicht soviel um dann mit „Schmackes“ in den Sattel zu knallen.
- Wenn Sie nun Ihr Gesäß vorsichtig in den Sattel gleiten lassen, können Sie nach dem rechten Bügel angeln. Danach beide Bügel unter den Ballen schieben, die Zügel aufnehmen, vielleicht gleich einmal freundlich den Pferdehals klopfen. Geschafft …

## Und jetzt auch mal: Absitzen

Damit Sie das Ganze gleich ein paarmal üben können, verraten wir Ihnen an dieser Stelle, wie Sie wieder schulbuchmäßig herunterkommen von Ihrem hohen Roß:

- Zügel in die linke Hand, die rechte stützt sich vorn am Sattel ab. Sie nehmen das rechte Bein aus dem Bügel, schwingen es über die Kruppe.
- Nun halten Sie sich mit der rechten Hand am Hinterzwiesel des Sattels fest und mit der linken am Mähnenkamm.
- Sind Sie in Balance? Na, dann raus mit dem Fuß aus dem linken Bügel, und Sie lassen sich elegant auf den Boden gleiten.

### Absitzen per Flanke

Für athletischere Typen hier noch die Version Flanke:

- Zügel aus der Hand, beide Hände halten sich vorn am Sattel fest, beide Füße aus den Bügeln.
- Nun holen Sie mit den Beinen Schwung und schnellen sie nach hinten über der Kruppe zusammen und springen links neben dem Pferd ab. Sie stehen bequem? Na, dann wieder rauf aufs Pferd.

# EINFACH NUR SITZEN?

Wahrscheinlich kann man mit Büchern, die über das schöne Thema „Der Sitz des Reiters" geschrieben worden sind, eine halbe Bibliothek füllen. Was uns und dieses Buch angeht: Wir wollen es kurz machen und fangen daher von unten nach oben an.

## Der richtige Sitz

**Die Füße** stecken im Bügel, der unter dem Ballen sitzt. Der Absatz ist der tiefste Punkt am Reiter – warum? Ganz einfach: Der tiefe Absatz erleichtert es Ihnen, das Bein lang zu machen. Und ein langes Bein stabilisiert Ihren Sitz. Probieren Sie's aus. Wenn Sie die Beine nach oben anziehen, werden Sie sich ganz schnell wie auf der Achterbahn fühlen, wenn Ihr Pferd Tempo macht. Außerdem wird mit dem Schenkel getrieben. Ist aber der Absatz nicht tief und damit die Wadenmuskulatur ebenfalls nicht in leichter Spannung, haben Sie nur Pudding im Stiefel – und damit läßt sich nicht treiben.
**Die Unterschenkel** liegen ungefähr in der Höhe des Gurtes beziehungsweise geringfügig dahinter locker am Pferd und halten mit ihrer Innenseite leichten Kontakt mit dem Pferdeleib.
**Das Knie** wird ein wenig angewinkelt. Und dieweil Sie auch dann oben bleiben wollen, wenn Ihr Pferd einmal anderer Meinung ist, gewöhnen Sie sich am besten gleich daran, die Knie zuzumachen, das heißt, mit ihnen Fühlung am Sattel aufzunehmen, wodurch dann der sogenannte Knieschluß entsteht.
**Die Oberschenkel** sind leicht nach innen geneigt, und ihre richtige Position ergibt sich schon daraus, wie Sie Ihre Kehrseite richtig in den Sattel bringen.
**Das Gesäß** sollten Sie zunächst ganz locker lassen und die Last Ihres Körpers gleichmäßig auf beide Hälften und die innere Oberschenkelmuskulatur verteilen. Wenn Sie dabei die beiden Knochen im Hinterteil spüren, dann sitzen Sie richtig.

Ansonsten kauern Sie natürlich nicht zusammengesunken auf dem Gaul, sondern haben sich gerade über dem Pferd aufgerichtet, den Kopf hochgenommen und die Schultern entspannt gesenkt.

### Immer locker bleiben!

Bitte schauen Sie sich die Bilder von unseren Vorbildreitern genau an, versuchen Sie aber nicht, auch so zu sitzen und ja keine Fehler zu machen. Wir können Ihnen versichern: Sie werden es nicht schaffen – Sie werden sich dabei nur verkrampfen. In den ersten Wochen geht es darum, sich nichts Falsches anzugewöhnen. Daß dabei mal die Unterschenkel schlackern, die Fersen hochrutschen oder man zwischen Knie und Sattel einen Ball durchwerfen könnte – machen Sie sich nichts draus! Solange Sie einigermaßen locker bleiben und mit dem Hinterteil Tuchfühlung im Sattel haben, stimmt die Basis Ihres Sitzes – und alles andere läßt sich dann mit Übung schon machen!

## AUS DEM TAGEBUCH

### SLBs Lieblingsfehler

Meines Reitlehrers Lieblingsschimpfen lautete:
„Bylle, du hast mal wieder Fahrleinen! Faß die Zügel nach, sonst wird das nie was mit der Anlehnung!"
Tatsächlich neige ich immer dazu, mit zu langen Zügeln zu reiten, was auch ein wenig dadurch verursacht ist, daß ich mich oft in die Position meines Pferdes versetze – und die Vorstellung, daß mir dauernd jemand im Maul rumziehen würde, ist mir ausgesprochen unangenehm. Andererseits kann's meine Pferde irritieren, wenn ich öfter einmal durchhängende Zügel habe. Ergo bemühe ich mich nun und aus dem Gefühl heraus: Wenn ich ca. 100 g „Druck" beziehungsweise „Zug" auf dem Ringfinger habe, scheinen sich meine Pferde wohl zu fühlen – und mein Reitlehrer stellt das Meckern (zumindest in diesem Punkt) ein.
Das als kleiner Tip für die spätere Zukunft und in diesem Ausbildungsstadium noch als graue Theorie zu betrachten. Denn so lange sie sich noch nicht sicher im Sattel halten können, neigen Anfänger dazu, sich am Zügel festzuhalten. Von 100 g Druck kann dann bei dieser Zentnerlast gar keine Rede mehr sein – und Pferde quittieren solche Behandlung mit einer zunehmenden Abstumpfung im Maul. Deshalb: Auch wenn Ihnen der Reitlehrer sagt, die Zügel aufzunehmen – ziehen Sie nicht daran, wenn sich's machen läßt, sondern halten Sie sich im Zweifelsfall an der Mähne, dem Halsring oder am Sattel fest!!

## Zügel aufnehmen

Am Anfang haben Sie nur mit der Zäumung auf Trense zu tun. Dabei müssen die Zügel unverdreht und gleichlang liegen. Und wie Sie in die Hand zu nehmen sind, zeigen Ihnen am besten unsere Abbildungen.

- Achten Sie darauf, daß der Zügel zwischen kleinem und Ringfinger in die Hand hineinläuft und über den Zeigefinger wieder hinaus.
- Den Daumen postieren Sie nun noch dachförmig mit der Spitze auf dem Zügel – fertig. Die Zügelschlaufe schließlich wird unterhalb des stehenden Zügels plaziert.
- Wenn Sie nun dabei noch darauf achten, die Handgelenke nicht steif zu machen und die Hände nicht „umfallen", sondern locker senkrecht stehen zu lassen – dann ist es schon richtig.
- Für die Armhaltung gilt: leicht angewinkelt etwa in Taillenhöhe mit der Möglichkeit, immer nach vorn nachzugeben.

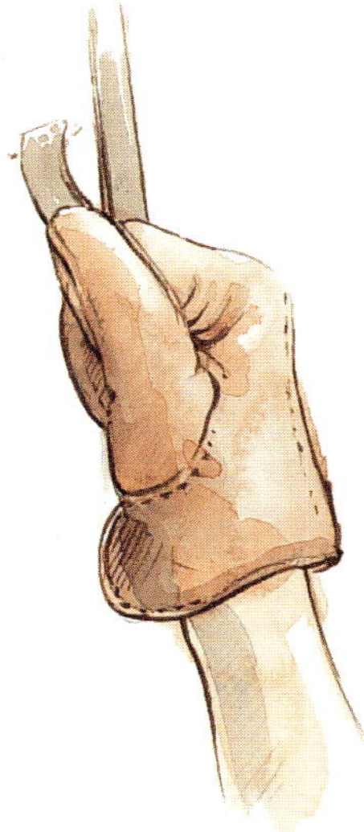

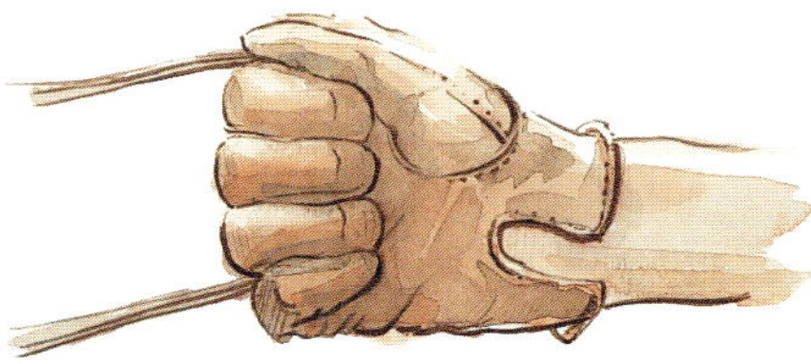

*So halten Sie die Zügel korrekt*

# WIR SETZEN UNS IN BEWEGUNG …

… und zwar in Richtung *Hufschlag.* Das ist die Spur, auf der die Pferde an der Bande entlang gehen. Und da man sowohl rechts- als auch linksherum reiten kann, gibt der Reitlehrer nach dem Kommando „Anreiten“ auch die Richtung an „Rechte Hand“ oder „Linke Hand“. In den ersten Minuten wird im Schritt am langen Zügel geritten, denn Pferde und Reiter dürfen (und müssen) sich – bevor's ernst wird – ersteinmal recken und strecken und warmmachen, bis die „Stallsteife“ aus den Muskeln und Bändern verschwunden ist.

**Pferd und Reiter in Harmonie und Übereinstimmung**

## Vom Kreuzanziehen und Hilfengeben

Sie lassen Ihr Pferd also antreten, indem Sie ihm die entsprechende Hilfe geben. Dazu müssen Sie das Kreuz „anziehen“, wie das so schön im Reiterjargon heißt, und was auf Anhieb eigentlich keiner recht versteht, weil sich – rein anatomisch betrachtet – das Kreuz nun mal nicht „anziehen“ läßt. Am besten läßt sich die ganze Übung mit „sich schwer auf Ihre Gesäßknochen setzen“ umschreiben, wobei Sie diese Knochen durch Aufrichten des Beckens leicht nach vorne schieben. Das geschieht, ohne einen Katzenbuckel oder gar ein Hohlkreuz zu machen und ohne den Druck auf den Sattel zu vermindern. Ihr Gewicht wirkt nun *vorwärts-abwärts.*

## DER PRAXISTIP

### Wie GW das Kreuzanziehen lernte

Das ist Ihnen zu kompliziert? Kann ich gut verstehen. Ich hab's auch zu Anfang nicht begriffen. Der eine Reitlehrer erzählte mir was von „Sattelauswischen“, der andere empfahl: „Häng mal so richtig den Hintern rein“. Aber die anatomische Logik des Kreuzanziehens blieb mir ein Buch mit sieben Siegeln.

Erst später enthüllte mir eine Reitlehrerin das Geheimnis anhand einer ganz simplen Körperübung. Und zu der lade ich Sie jetzt ein, damit Sie sich sinnlose Verrenkungen im Sattel sparen können:

Schieben Sie einmal ganz diskret Ihre Hände mit der Innenfläche nach oben unter Ihren Allerwertesten – spüren Sie Ihre Gesäßknochen? Keine Sorge, wir bleiben ganz anständig! Machen Sie jetzt auf total schlapp, mit krummem Buckel und „weicher“, vorgewölbter Bauchpartie. Merken Sie, wie der Druck der Gesäßknochen in Ihrer Hand geringer wird, während Ihr Becken nach hinten „wegsackt“? Das ist das Gegenteil vom „Kreuzanziehen“ und auf dem Pferd die denkbar schlechteste Art zu sitzen.

Jetzt richten Sie Becken und Oberkörper gerade auf, nehmen die Schultern zurück, lassen die Arme locker hängen, Kopf hoch – spüren Sie, wie sich jetzt der Druck der Gesäßknochen fast wie von selbst erhöht, ohne daß Sie irgend etwas forcieren oder gar den Rücken verspannen müssen? Wenn Sie sich jetzt noch ein bißchen schwerer hinsetzen, quetschen Ihnen die Gesäßknochen schon fast die Finger ab. Und nun schieben Sie diese Knochen noch ein bißchen nach vorn, das Becken richtet sich hierbei noch weiter auf – das ist das Kreuzanziehen, das Sie mit gezielter Anspannung der Rückenmuskulatur noch verstärken!

GW = Gefion Wolf

Das angespannte Kreuz – das werden Sie bald merken – spürt das Pferd selbst noch durch den dicksten Sattel. So stark, daß dieser Impuls bei gut gerittenen Pferden schon alleine ausreicht, um sie in Gang zu bringen.

Aber wir wollen Ihnen ja hier die komplette Hilfengebung zum Anreiten beibringen. Also: Kreuz anziehen, mit beiden Unterschenkeln am beziehungsweise direkt hinterm Gurt einen gleichmäßigen Druck aufbauen und mit der Hand etwas nach vorne nachgeben. Jetzt wird sich Ihr Pferd, so es nicht gänzlich abgestumpft ist, in Bewegung setzen. Und sie belohnen seinen Gehorsam, indem Sie mit dem Druck *sofort* nachlassen.

## DER PRAXISTIP

### Nachgurten und Bügelverstellen

Jetzt, wo Sie schon im Sattel sitzen, sollten Sie auch die Ausrüstung „von oben" bedienen können. Nach einigen Minuten müssen Sie nämlich meist nochmal nachgurten. Und das geht so:

Sie nehmen die Zügel kurz in die rechte Hand, legen das linke Bein vor den Sattel, heben mit der linken Hand das Sattelblatt, fassen darunter die Gurtstruppen und ziehen sie nach. Einen nach dem anderen! Wenn Sie beide gleichzeitig lösen, könnte es sein, daß Sie sich in Sekundenschnelle samt Sattel auf dem Hallenboden wiederfinden – sehr zum Vergnügen der ewigen Lästermäuler auf der Tribüne …

Zum Nachgurten müssen Sie übrigens nicht anhalten, das geht auch im Schritt. Ebenso wie das Bügelverstellen, sollten die Riemen nun doch zu kurz oder zu lang eingestellt sein, was Ihnen im Zweifelsfall der Reitlehrer sagt. Beim Verstellen bleibt der Fuß im Bügel, die Zügel werden mit einer Hand gehalten. Sie nehmen das Bein etwas zurück, so daß Sie mit der gleichseitigen Hand die Bügelschnalle erreichen können und verstellen den Riemen. Dann das Ganze auf der anderen Seite. Klar, daß links und rechts um die gleiche Anzahl Löcher verstellt wird, sonst sitzen Sie hinterher schief im Sattel.

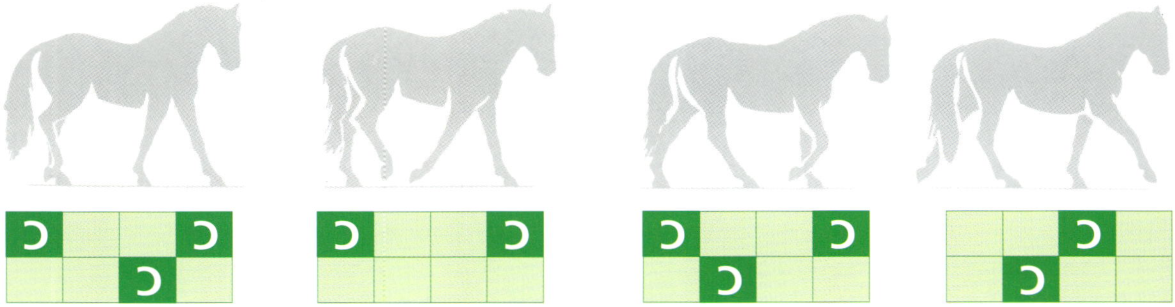

*Dreibeinstütze* — *laterale Zweibeinstütze* — *Dreibeinstütze* — *diagonale Zweibeinstütze*

*Schrittfolge Schritt*

## Der Schritt …

… ist zunächst einmal die für Sie bequemste Gangart des Pferdes (kleine, gehässige Anmerkung unsererseits: Auch das wird sich noch ändern! Sie werden im Schritt noch richtig ins Arbeiten und Schwitzen kommen! Aber dazu später). Der Schritt ist nämlich eine ruhige Bewegung im Viertakt ohne Schwebephase und ohne Schwung, daher werden Sie auf dem Pferderücken auch nicht geworfen.

### Die Tempi

Welche Beine beim richtigen Schritt wann was tun, sehen Sie an unserer Zeichnung. Geritten wird der Schritt in drei Tempi: im *Mittelschritt*, mit dem Sie vorwiegend zu tun haben und der das *Arbeitstempo* dieser Gangart ist, im starken Schritt, der zu den schweren Übungen gehört. Und schließlich gibt es in großen Dressurlektionen noch den *versammelten* Schritt – aber dahin sind es für Sie noch sehr viele Schritte.

*Hilfen zum Anreiten aus dem Halten in den Schritt*

*Zeichenerklärung:*

- *treibender Schenkel*
- *verwahrender Schenkel*
- *weniger stark belastende Gewichtshilfe*
- *belastende Gewichtshilfe*
- *annehmende, durchhaltende oder verwahrende Zügelhilfe*
- *nachgebende Zügelhilfe*

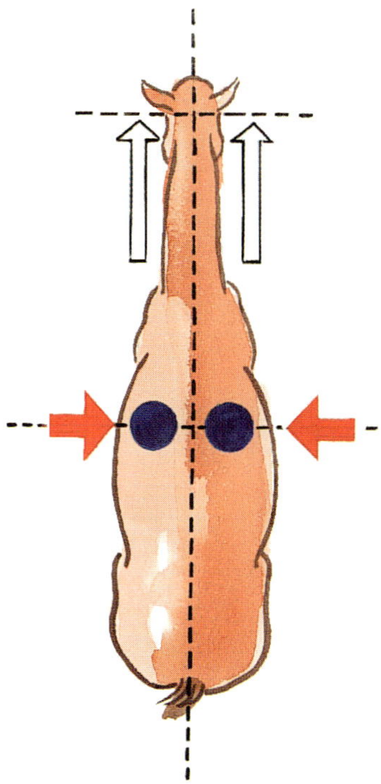

### Nachgeben und Treiben, immer im Wechsel

Wichtig beim Schrittreiten ist, daß Sie es nicht nur als willkommene Gelegenheit zum Ausruhen sehen. Zum einen müssen Sie mit der Hand elastisch nachgeben, um dem Pferd Luft für die übliche „Nickbewegung“ des Kopfes zu lassen. Zum anderen sollten Sie, damit Ihnen Ihr Roß nicht unterm Sattel einschläft, etwas treiben: Im Takt mit der Bewegung, so wie Ihr Bein locker an den Pferdekörper fällt, spannen Sie abwechselnd leicht den linken und den rechten Schenkel an. Bei einem gutgerittenen Pferd reicht das schon aus, um es im fleißigen Schritt zu halten. Ansonsten müssen Sie es eben durch Kreuzanspannen im Rhythmus der Schritte anschieben.

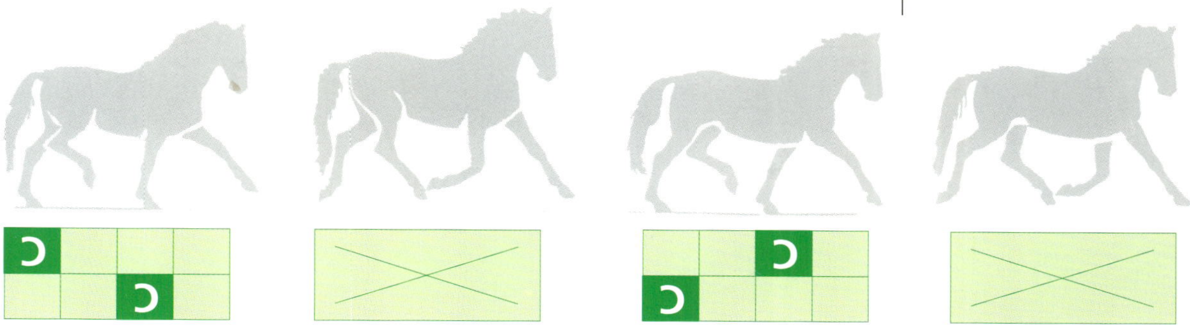

*diagonale Zweibeinstütze* *Sprungphase* *diagonale Zweibeinstütze* *Sprungphase*

*Schrittfolge Trab*

## Zum Trab …

… zunächst ein „Herzliches Beileid!“ Am Anfang ist er bei den meisten Reitschülern nicht gerade die Lieblingsübung. Handelt es sich bei ihm doch um einen schwungvollen Zweitakt mit Schwebephase – und die hat's in sich! Denn sie ist der Moment, in dem Sie nach oben „gehoben“ werden. Und während der geübte Reiter diesen *vertikalen Schub* mit seinem mitfedernden Becken *absorbieren* kann, folgt der Anfänger meist noch der Trägheit der Masse, wird hochgehoben und klatscht beim Auffußen des Pferdes wieder zurück in den Sattel.

### Die Hilfen

Das kann Sie nicht schrecken? Dann verraten wir Ihnen jetzt, wie Sie Ihr Pferd dazu bewegen, anzutraben. Aus dem Halten und dem Schritt heraus geben Sie im Prinzip die gleiche Hilfe, nur unterschiedlich stark. Wenn das Pferd schon in Bewegung ist, kann es leichter beschleunigen und kommt deshalb auch mit einer geringeren Hilfe aus. Ein stehendes Pferd braucht mehr Druck, um zu verstehen, daß es jetzt richtig „Gas“ geben soll.

Aber im Normalfall werden Sie als Anfänger aus dem Schritt antraben. Das machen Sie wie beim Anreiten. Wieder lassen Sie Ihr Gewicht vorwärts-abwärts in den Sattel sinken, geben mit den Unterschenkeln am respektive direkt hinterm Gurt Druck und geben gleichzeitig mit der Hand nach.

Die einzelnen Trabphasen sehen Sie an unserer Zeichnung, das Gefühl in Ihrer Kehrseite beschreiben wir lieber nicht, statt dessen verraten wir Ihnen higegen, wie Sie es sich und Ihrem Pferd angenehmer machen können: Durch *Leichttraben.*

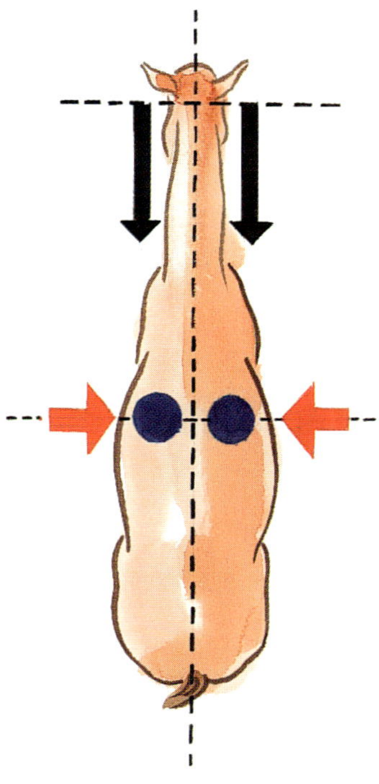

*Hilfen zum Antraben*

*Leichttraben auf dem richtigen Fuß: Aufstehen, wenn der äußere Hinterfuß den Boden berührt und die innere Schulter vorschwingt – Hinsetzen, wenn der innere Hinterfuß auf den Boden setzt und die äußere Schulter vorschwingt*

**Leichtraben**

Was das bedeutet? Ganz einfach: Anstatt sich bei jedem zweiten Tritt vom Pferd eine in den verlängerten Rücken „knallen" zu lassen und ihm dann im Gegeneffekt in den Rücken zu fallen, stehen Sie einfach auf, wenn ein diagonales Beinpaar abfußt, und wenn das gegenüberliegende abfußt, setzen Sie sich wieder hin. Und dann stehen Sie wieder auf, und so weiter und sofort … Sie fragen jetzt bestimmt, woran Sie denn merken sollen, daß jetzt das diagonale Beinpaar, bei dem Sie aufstehen sollen, abfußt …

**Wann aufstehen und wann hinsetzen?**

Ganz ruhig bleiben, es ist wirklich nicht schwer. Sie dürfen gucken: In der deutschen Reitbahn (in anderen Ländern ist es teilweise anders) gilt grundsätzlich, daß der innere Hinterfuß des Pferdes das Signal fürs Aufstehen des Reiters beim Leichttraben gibt. Den sehen Sie nicht? Wissen wir doch! Aber Sie sehen dafür die Schultern des Pferdes. Und dieweil's im Trab ja diagonal geht, schwingt mit dem inneren Hinterfuß gleichzeitig der äußere Vorderfuß nach vorn, ergo ist die Vorwärtsbewegung der äußeren Schulter Ihr Signal zum Aufstehen.

**Je weniger Aufwand, desto besser**

Bitte schön, erheben Sie Ihren Podex nun nicht zu weit aus dem Sattel! Sie sollen ja, wenn die andere Schulter kommt, schon wieder Platz nehmen – und dann gleich wieder aufstehen. Je weniger weit Sie nun aufstehen, desto kürzer ist Ihr Weg und desto geringer auch die Gefahr, daß Sie beim Wieder-Einsitzen „reinplumpsen". Je weniger Aufwand Sie also in Ihrer Bewegung betreiben, desto angenehmer ist's für Sie und Ihr Pferd.

Folglich kommen Sie mit dem Hinterteil nur ein ganz klein wenig aus dem Sattel und lassen es ganz weich wieder zurückgleiten. Das „Scharnier" für die gesamte Bewegung sitzt übrigens im Knie, halten Sie folglich *Knieschluß*. Abgefedert wird im Fußgelenk, das heißt, die Position der Unterschenkel verändert sich dabei nicht, aber durch die Spannung in der am Pferdeleib liegenden Unterschenkelmuskulatur sorgen Sie gleich dafür, daß Ihr Pferd fleißig vorwärtsgeht

**Handwechsel**

Einseitig auf einer Hand leichtgetrabt, belastet das Pferd. Häufige Handwechsel sind deshalb angesagt, und Ihr Reitlehrer wird das entsprechend oft von Ihnen verlangen. Daher gleich die Anleitung, wie's geht: Einfach einen Trabtritt, bei dem Sie üblicherweise aufstehen müßten, aussitzen (am Anfang dürfen's auch mehrere sein, solange es insgesamt eine ungerade Anzahl ist), und dann wieder leichttraben.

### Aussitzen des Trabs

So, nun können Sie immerhin schon kurz beim Handwechsel aussitzen, und darum werden Sie jetzt ein wenig gequält, nämlich mit dem Aussitzen des Trabs ganz allgemein. Das ist nicht ganz einfach. Der Schwung der Trabtritte wird Sie am Anfang böse beuteln, und das Übelste daran ist: Ihr Pferd findet das ebenfalls nicht angenehm.

Wenn Sie sich vorstellen wollen, wie es zu dieser Übung steht: Binden Sie sich einen vollen Rucksack an zu langen Trägern auf den Rücken, und rennen Sie damit los. Fühlt sich nicht gut an? Sie spannen automatisch die Schulter- und Rückenmuskulatur an, damit es weniger unangenehm ist, wenn Ihnen das schwere Ding rums-rums-rums ins Kreuz donnert?

Genau das macht Ihr Pferd auch, und damit sind Sie als Reiter normalerweise schon verratzt, weil der „Trabwurf" dann noch härter ausfällt und Sie noch weniger Chancen haben, ihn sitzen zu können.

### Locker bleiben

Ein sofort wirksames Patentrezept dagegen haben wir nicht für Sie, weil es keines gibt. Wir können Ihnen nur zwei Tips geben: Kneifen Sie nicht die Pobacken zusammen, sondern bleiben Sie so locker wie möglich – auch wenn's Ihrer Kehrseite weh tut.

### Die Übung macht's

Das Aussitzen lernt man eben nur durch Üben. Wobei das Lockerbleiben, der Mut, sich dem Schmerz zu öffnen, gleich den Fortschritt in sich birgt: Lassen Sie sich vom Pferd in die Bewegung mitnehmen! Dann merken Sie nämlich, daß Ihr Becken beim Anheben des Pferderückens plötzlich die Tendenz hat, leicht zu kippen.

Und genau das soll es: Es schwingt mit. Sobald der Pferderücken sich unter dem Reiter senkt, schwingt das Becken wieder in die Ausgangsposition zurück – und wenn Sie es bis dahin gebracht haben, haben Sie das Geheimnis, wie man einen Trab weich aussitzt, für sich entdeckt und sind (wir versprechen es!) für ewig und alle Zeiten auf der angenehmen Seite.

### Die Tempi

Im Trab kennen wir übrigens vier Tempi: *Arbeitstrab, Mitteltrab, starken Trab, versammelten Trab.*

### Treiben mit beiden Unterschenkeln zugleich

Ach ja – Sie treiben im Trab bei jedem (Aussitzen) oder jedem zweiten Takt (Leichttraben) mit beiden Unterschenkeln gleichzeitig am Gurt. Und falls Ihnen jetzt schon das akrobatische Kunststück gelingt, können Sie dabei natürlich auch im Trab das Kreuz anziehen.

*Heike führt es vor: Leichttraben, ohne zu weit aus dem Sattel zu kommen*

3

4

Schrittfolge Galopp

Einbeinstütze hinten links

Dreibeinstütze

diagonale Zweinbeinstütze

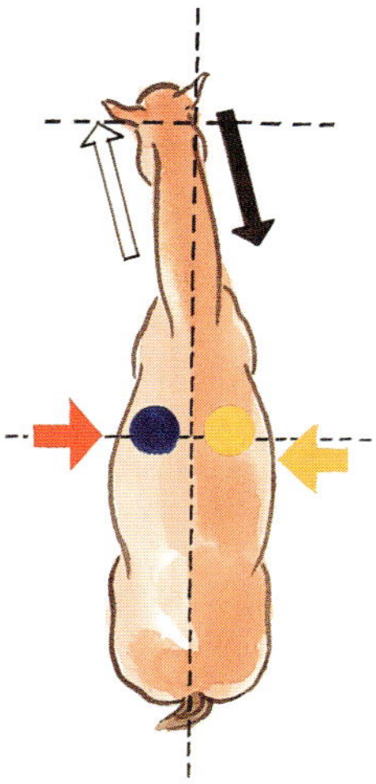

Hilfen zum Angaloppieren (Linksgalopp)

## Im Galopp ...

... geht's viel leichter! Der ist ein Dreitakt mit viel Schwung, wobei der Reiter nur wenig geworfen wird. Allerdings – und das ist für manchen Anfänger erst etwas verwirrend: Es gibt den *Links-* und den *Rechtsgalopp*. Je nachdem, welches seitliche Beinpaar in der Bewegung weiter vorgreift, wird unterschieden. Die Fußfolge des Galopps sehen Sie wieder an unserer Schemazeichnung mit dem Schrittdiagramm.

### Der leichte Sitz

Geritten wird der Galopp entweder im leichten Sitz oder ausgesessen. Beim leichten Sitz ist's noch leichter als im Trab: Sie nehmen einfach Ihre Kehrseite aus dem Sattel, stützen sich in den Knien ab, beugen sich eine Winzigkeit nach vorne, lassen die Zügelfäuste links und rechts am Pferdehals anliegen und das Pferd unter Ihnen ungestört arbeiten. So reitet man Galopp im Gelände, und so ist er das reinste aller Reitvergnügen, auch und gerade dann, wenn's schnell wird. Aber da sind wir ja noch nicht.

### Aussitzen und Hilfengebung

Beim Aussitzen haben Sie ein wenig mehr zu tun. Im Galopp muß das Pferd ganz leicht *gestellt* werden – weil es ja entweder mit dem linken oder mit dem rechten Beinpaar weiter nach vorne greifen soll.

Nun werden wir Ihnen zu *Biegung* und *Stellung* im nächsten Kapitel sowieso noch eine ganze Menge erzählen, daher hier nur soviel: Sie stellen Ihr Pferd nach innen, indem Sie den inneren Zügel ein kleines bißchen verkürzen und genau soviel mit dem äußeren nachgeben. Der innere Schenkel liegt am Gurt. Er treibt im Galopp, indem er etwas „Druck" macht. Der äußere Schenkel liegt ungefähr eine Handbreit hinter dem Gurt, er

***Dreibeinstütze***

***Einbeinstütze vorne rechts***

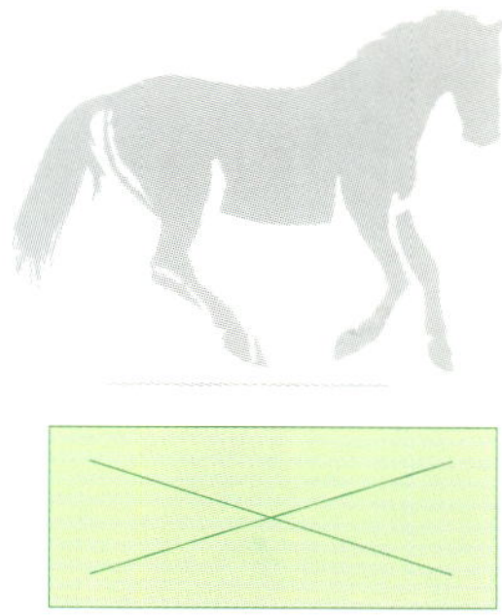

***Sprungphase***

*verwahrt* (was das genau zu bedeuten hat, verrät Ihnen wieder das nächste Kapitel). Bei dieser Beinstellung geht die Hüfte schon automatisch in die richtige Position: nämlich auf der Innenseite ein bißchen nach vorn, womit sich das Gewicht auf den inneren Gesäßknochen verlagert. Damit hat die innere Schulter des Pferdes „Luft", um auszugreifen. Und wenn das Pferd nun im Galopp „anspringt", halten Sie es bei jedem Sprung mit dem treibenden inneren Schenkel im Tempo und geben gleichzeitig im Rhythmus der Nickbewegung des Pferdekopfes nach vorn mit dem inneren Zügel leicht nach, um die Bewegung „herauszulassen".

***Ludger Beerbaum zeigt (links unten) den treibenden, inneren Schenkel und (im Foto darunter) den verwahrenden, äußeren Schenkel***

## AUS DEM TAGEBUCH

### SLB und die Angst vor dem Tempo

Ich kann mich noch sehr gut an meine ersten Reitstunden erinnern – ich hing auf einem ganz braven (um nicht zu sagen „faulen") Pferd am Schluß der Abteilung, und als das erstemal das Kommando „Vorbereiten zum Galoppieren" kam, meinte mein Rößlein, daß das nichts für uns beide sei und marschierte schnurstracks in die Mitte der Bahn, woselbst es dem Reitlehrer gemütlich den Kopf auf die Schulter lümmelte.

Ich schaute zu, wie es da draußen weiterging: „Galopp marsch!" und los ging es ... was war ich erst einmal froh, einen ruhigen Platz in der Mitte der Bahn gefunden zu haben!

Es sah mir doch sehr wild aus, und ich war noch nie eine Heldin.

Doch bei der nächsten Reitstunde meinte der Reitlehrer, daß ich das jetzt auch einmal probieren könnte, und er versprach mir urschwäbisch: „Sibylle, des isch so schön, da zahl'sch du mir hinterher vor Freud' a Viertele!" Voll des Vertrauens in ihn und seine Verkündigung blieb ich also dabei – und mein Pferd galoppierte mit an, nahm mich in die Bewegung mit, und ich habe meinem Reitlehrer wirklich das Viertel Wein bezahlt, weil's so schön war. Glauben Sie mir: Galopp ist wirklich schön. Er ist (vor allem im Vergleich zum Trab) bestens zu sitzen und hat mir in meinen Anfängerzeiten immer noch am besten das Gefühl für wahres Reiten vermittelt. Und noch heute denke ich mit einem Lächeln daran, wie ich dann zum erstenmal im Gelände galoppieren durfte – da war ich zum erstenmal richtig glücklich im Sattel!

# LINKS, RECHTS – JETZT BEKOMMT DAS GANZE EINE RICHTUNG

Abgesehen davon, daß immer nur geradeaus sehr langweilig wäre: Pferde haben mehr drauf. Sie können alles, was ein Auto kann: Anhalten – und das sogar mit bedeutend kürzerem Bremsweg, links, rechts, vorwärts und rückwärts. Dazu können sie noch etwas, was nicht einmal ein Amphibienfahrzeug zu bieten hat: sich seitwärts bewegen! Und das sogar in verschiedenen Tempi. Dazu haben unsere Rösser dann auch noch einen Wendekreis, von dem selbst der schnuckeligste Kleinwagen nur träumen kann.

Allerdings: Sie tun es nur, wenn der Reiter ihnen die richtigen Hilfen dazu gibt. Ein bißchen mehr als am Lenkrad zu drehen gehört nämlich dazu. Aber nichts, was man nicht lernen kann. Fangen wir also damit an …

# DIE GRUNDSCHULE

## „Anhalten, bitte!"

Pferde haben keine eingebaute Bremse, aber das ist für den Reiter überhaupt kein Problem. Nein – er zieht nicht am Zügel! Abgesehen davon, daß das dem Pferd im Maul weh tun würde, geht es viel eleganter. Der Reiter kennt nämlich die *Parade*. Und die gibt es, je nachdem, wie stark er einwirken will, in zwei Ausführungen: als halbe und ganze Parade.

### Die halbe Parade

Die brauchen Sie dauernd. Mit der halben Parade beginnt nämlich jede Lektion. Ob Sie schneller oder langsamer reiten wollen, ob Sie abbiegen oder einen Seitwärtsgang einschieben, rückwärts oder über einen Sprung reiten wollen: Es fängt immer mit einer halben Parade an. Sie macht das Pferd für die weiteren Hilfen *aufmerksam*, sie ist für das gut ausgebildete Pferd das Signal „Achtung, jetzt passiert gleich was!"

### Einmal nicht nachgeben

In der Praxis: Sie sitzen auf dem Pferd, das Pferd geht Schritt. Sie sitzen korrekt auf beiden Gesäßknochen, Sie haben das Pferd in *leichter Anlehnung*, das heißt, es trägt die Nase leicht vor der Senkrechten, und auf jedem Ihrer Zügel liegt nur ein leichtes Gewicht. Ihre Hände erlauben aber die Vorwärtsbewegung des Pferdes, indem Sie bei jedem der typischen „Schrittnicker" etwas nachgeben. Nun lassen Sie die äußere Hand stehen, Sie geben einfach dem nächsten Nicker nicht nach, doch dafür machen Sie mit den Schenkeln und dem Kreuz etwas Druck – und schon haben Sie dem Pferd eine halbe Parade gegeben.

In der Halle beziehungsweise auf dem Platz wird die halbe Parade immer mit dem *äußeren* Zügel gegeben. Im Gelände können Sie dagegen bei einem gerade gerichteten Pferd frei entscheiden, mit welcher Hand Sie die Zügelhilfe geben wollen, allerdings sollten Sie bitte immer daran denken, öfter einmal zu wechseln, damit das Pferd nicht einseitig wird.

***Paraden***

***1. Phase und 2. Phase***

***In der 1. Phase einer Parade lassen Sie die äußere Hand stehen, bei der ganzen Parade (s. Abb.) beide Hände. In der 2. Phase geben Sie wieder nach, ohne allerdings die Verbindung zum Pferdemaul zu verlieren***

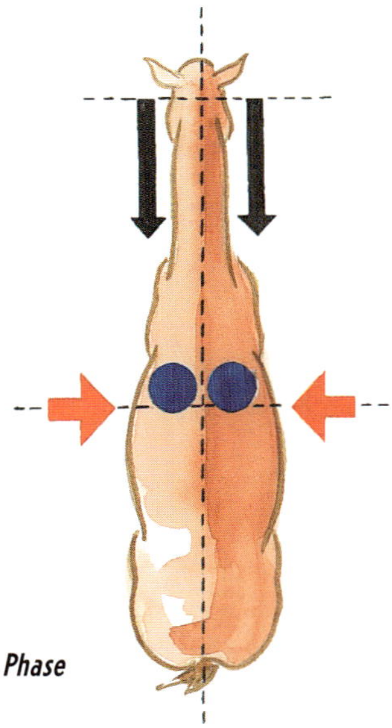

***1. Phase***

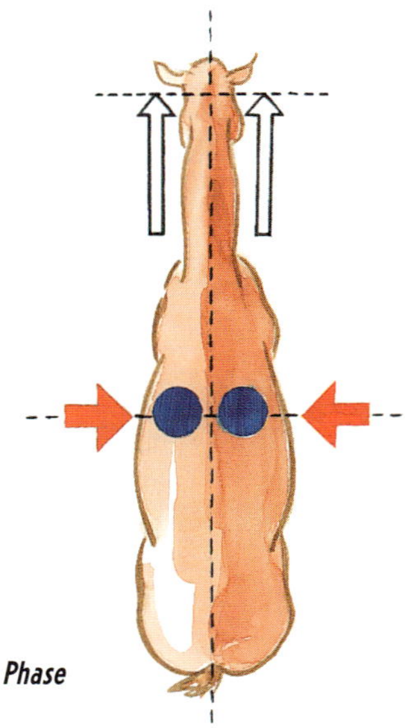

***2. Phase***

**Bitte mit Gefühl**

Wie nun diese halbe Parade auf Ihr Pferd wirkt, kommt auf seine Rittigkeit an und Ihre Fähigkeit, die Hilfe zu dosieren. Geben Sie diese Hilfe ganz leicht, wird das gut ausgebildete Pferd die Ohren nach hinten stellen, um sich nach Ihren weiteren Wünschen zu erkundigen. Tun Sie nun das gleiche nochmal etwas stärker, wird es das Tempo verlangsamen. Eine noch stärkere Einwirkung veranlaßt es, in die nächst niedrigere Gangart „herunterzuschalten“.

Es ist Gefühlssache, und jedes Pferd reagiert ein bißchen anders. Manche sind so sensibel, daß sie nur einen „Hauch“ von Hilfe brauchen. Diese werden Ihnen aber wahrscheinlich erst in Ihrem späteren Reiterleben begegnen – wenn Sie unabhängig sitzen und so gut reiten können, daß man Ihnen auch einmal ein Privatpferd anvertraut. Andere – und das sind im Zweifel die, mit denen Sie es im Reitunterricht zu tun haben – muß man schon deutlicher auffordern. Schulpferde sind im allgemeinen vielerlei Kummer gewöhnt und unter dem unkoordinierten Geruckel ungezählter Anfängergenerationen – wer wollte es ihnen verübeln – bisweilen ziemlich abgestumpft.

Sie müssen einfach ausprobieren, wie Ihr Pferd reagiert. Mit der entsprechenden Übung haben sie den Dreh bald raus.

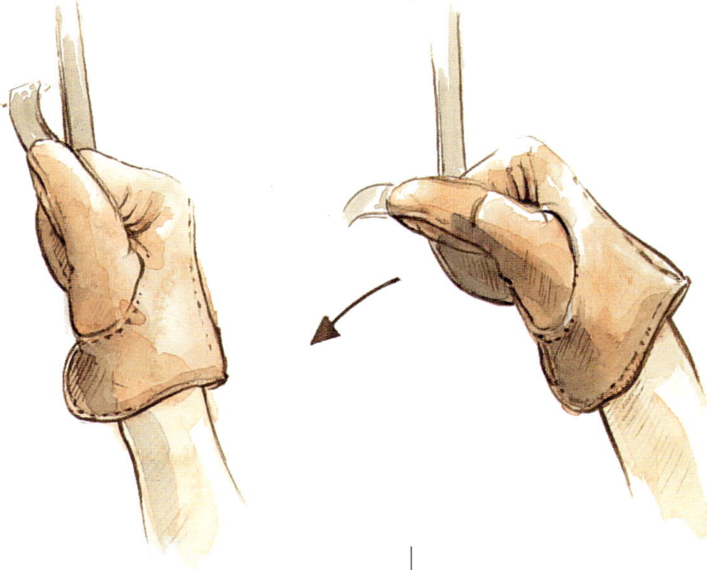

*Links die normale aufrechte Zügelhand, rechts eine annehmende Zügelhilfe durch Eindrehen der Zügelhand*

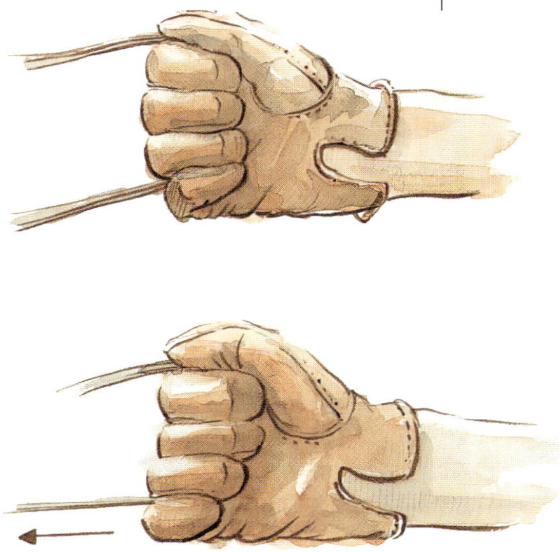

*Oben die normale aufrechte, geschlossene Zügelfaust. Unten eine nachgebende Zügelhilfe durch Öffnen des kleinen Fingers*

#### Die ganze Parade

Eine ganze Parade leiten Sie mit einer *halben Parade* ein. Wenn's gut und richtig gelaufen ist, wartet das Pferd nun auf das nächste Kommando. Dazu setzen Sie sich jetzt fest in den Sattel, spannen das Kreuz vermehrt an und lassen einfach beide Hände stehen, oder nehmen sie auch noch ein paar Millimeter zurück, wobei Sie gleichzeitig mit beiden Schenkeln weitertreiben – und wenn Sie's richtig dosiert haben, steht Ihr Pferd.

#### Bremsen mit der Hinterhand

Das verstehen Sie nicht? Sie finden es seltsam, daß Sie treiben sollen, obwohl Sie doch bremsen wollen, und das hat Sie schon bei der halben Parade irritiert? Vergessen Sie für einen Moment die Autofahrer-Logik, und stellen Sie sich vor, wie Ihre treibenden Schenkel die Hinterhand des Pferdes aktivieren. Es tritt nun vermehrt unter seinen Schwerpunkt. Doch statt den Schub, den es dabei entwickelt, nach vorne rauszulassen und Tempo zu machen, gebietet Ihre hingestellte Hand Einhalt – das Pferd nimmt das Signal auf und wird jetzt nicht irgendwie nach vorne auspendelnd in den Halt hineinlatschen, wie es die Fliehkräfte vorgeben würden, sondern kann das Bremsmanöver vermehrt mit der Hinterhand abfangen und zu einem harmonischen Halt kommen.

#### Druck erzeugt Gegendruck

Auch hier müssen Sie die richtige „Dosis" wieder durch Üben auf den verschiedenen Pferden herausfinden. Aber auch wenn Sie es mit einem besonders schwerfälligen Untermann zu tun haben, der Ihre Bemühungen mit provozierender Ignoranz an sich abperlen läßt – ziehen Sie nicht am Zügel, und krallen Sie sich nicht fest. Druck erzeugt bekanntlich Gegendruck, und Pferde haben da eine sehr effiziente Methode: Sie legen sich aufs Gebiß, drücken Hals und Rücken durch – und dann darf Ihr Bizeps rätseln, was er einer Körpermasse von mehr als einer halben Tonne Muskeln, Knochen und Sehnen entgegenhalten soll …

Hier ist mal wieder eine Parallele zum Autofahren erlaubt: Auch bei Pferden ist die Bremse mit ABS die bessere, weil sicherere Variante. Kommt der erste Impuls nicht durch: nachgeben und wieder parieren, wenn's sein muß, mehrmals – bei der notfalls auch kräftig dosierten „Stotterbremse" hat das Pferd keine Chance, sich auf dem Gebiß festzumachen.

***Hinterhandbremsung: Heike treibt mit Schenkel und Kreuz in die Parade***

## Perfekter Halt

Geschafft – Sie haben Ihr Roß durchpariert. Nun reicht das noch nicht ganz aus, denn nach der ganzen Parade soll Ihr Pferd auch noch korrekt mit geschlossenen Beinen dastehen und dabei das Gewicht gleichmäßig auf allen vieren tragen. Nimmt es dann die Nase noch eine Winzigkeit hinter die Senkrechte, ist es perfekt.

Hat noch nicht so ganz geklappt? Ihr Pferd steht zwar vorne geschlossen, aber hinten fast auseinandergefallen? Kein Problem: Treiben Sie auf der Seite, auf der Sie noch ein Pferdebein unter den Körper bringen wollen, mit dem Schenkel nach. Das wohlerzogene Pferd setzt dann brav das hinten ausgestellte Bein unter den Körper.

Wie Sie wissen sollen, daß sich Ihr Pferd hinten noch nicht richtig aufgeräumt hat? Ihr Hinterteil verrät es Ihnen! Wenn beide Hinterbeine geschlossen stehen, sitzen Sie mit beiden Hinterbacken bequem und auf gleicher Höhe im Sattel. Steht aber ein Hinterfuß noch nicht korrekt unter dem Körper, sitzen Sie auf der entsprechenden Seite etwas tiefer. Mit der Zeit werden Sie Gefühl dafür bekommen. Übung macht auch hier wieder den Meister.

***Oben:***
***Das war nichts. Das Pferd steht nicht geschlossen und über dem Zügel***
***Unten:***
***So sollte es aussehen***

## Links und rechts – oder wie man ein Pferd um den Schenkel „wickelt"

Es gibt verschiedene Möglichkeiten, mit Ihrem Pferd einen Richtungswechsel vorzunehmen. Die einfachste heißt: *Abwenden.* Und dazu müssen Sie Ihr Pferd „nur" um Ihren Schenkel biegen.

Ja, wir wissen: Es erfordert ein wenig Phantasie. Auf der einen Seite sind circa 600 Kilogramm Pferd, und auf der andern sind Sie, beziehungsweise Ihr Schenkel. Und jetzt sollen Sie diese 600 Kilo durch Druck dazu bringen, sich um diesen Schenkel zu biegen? Kann doch gar nicht gehen …

Doch, geneigter Leser, es geht. Es geht, weil das Pferd, auf dem Sie sitzen, (hoffentlich) in seiner Grundausbildung gelernt hat, sich in Biegung und Stellung an den treibenden Schenkel anzulehnen. Doch das alleine ist es nicht. Es hat zudem gelernt, auf die Gewichtsverlagerung des Reiters und auf dessen richtunggebende Zügelhilfe zu reagieren.

Aber damit wären wir schon am springenden Punkt, den wie unterstreichen, weil er so wichtig ist: Richtungswechsel sind keine Handarbeit!

### Richtungsänderungen

Nun aber ganz konkret: Stellen Sie sich vor, Sie sitzen auf dem Pferd und sind auf gerader Linie unterwegs. Sie treiben mit beiden Schenkeln gleichmäßig, Ihre Zügel stehen auf beiden Seiten leicht und gleichmäßig an. Jetzt wollen Sie die Richtung ändern – zum Beispiel nach links. Zuerst einmal müssen Sie, wie immer, Ihrem Pferd klarmachen, daß Sie etwas von ihm wollen. Dazu braucht's, wie immer, die halbe Parade. Das Pferd wartet, was jetzt kommt – und nun setzen Sie sich betont auf Ihren linken Gesäßknochen, drehen die linke Schulter und damit Ihren ganzen Körper etwas nach links, und treiben Sie verstärkt mit dem linken Schenkel am Gurt. Gleichzeitig nehmen Sie den linken Zügel etwas an (bitte schön: Sie sollen nicht den Kopf des Pferdes in die gewünschte Richtung ziehen, sondern ihm nur durch Verkürzen des Zügels die Richtung zeigen!) und lassen den rechten ein wenig nach – genau so viel, daß sich das Pferd leicht nach links biegen kann. Und nun müßte es sich um Ihren linken Schenkel herum biegen und dadurch nach links abwenden.

### Daran müssen Sie denken

Allerdings haben Sie bei der Übung gleich auf eine Menge zu achten:

- Bitte knicken Sie nicht in der Hüfte ein! Das hätte nämlich genau den gegenteiligen Effekt. Statt das Gewicht nach innen (in diesem Fall nach links) zu verlagern, würden Sie es nach außen bringen.
- Lassen Sie den Rücken gerade, nehmen Sie die linke Schulter leicht mit in die gewünschte Richtung – mehr ist nicht erforderlich.
- Werfen Sie den äußeren Zügel nicht weg! Er begrenzt die Biegung und gibt dem Pferd *Anlehnung,* also Stabilität, so daß es nicht in die falsche Richtung ausfällt (Sie können auch sagen: „abdriftet").
- Lassen Sie auch den äußeren (hier: rechten) Schenkel am Pferd! Er liegt verwahrend etwas hinter dem Gurt. Das bedeutet: er treibt nicht, sondern hält „Fühlung" und hindert das Pferd daran, mit der Hinterhand nach außen (hier rechts) abzudriften. Das Roß soll sich nämlich auch im Rücken richtig biegen. Die Methode: „Erst

## DER PRAXISTIP

### GWs Abknick-Test

Haben Sie sich schon mal bei flottem Tempo mit dem Fahrrad so richtig schön in die Kurve gelegt? Dann haben Sie vermutlich ganz intuitiv das Gewicht richtig verlagert. Nach innen nämlich. Beim Abwenden mit dem Pferd geht's im Prinzip genauso. Trotzdem macht's vielen Anfängern Probleme – und sie knicken mit der Hüfte ein.

Deshalb lade ich Sie wieder zu einem Fühl-Test ein.

Das kennen Sie ja schon: Locker und gerade hinsetzen, und die Hände mit der Unterseite nach oben unter Ihre werten vier Buchstaben schieben. Wenn Sie jetzt Ihr Gewicht gleichmäßig nach links verlagern, spüren Sie Ihren linken Gesäßknochen deutlich schwerer in Ihrer Hand als den rechten. Perfekt. Sie haben soeben die richtige Gewichtshilfe zum Abwenden nach links gegeben.

Und nun machen Sie es mal absichtlich falsch. Nehmen Sie nur Ihren Oberkörper in die Verlagerung nach links mit, indem Sie in der linken Hüfte – also da, wo die Taille ist – abknicken.

Merken Sie was? Plötzlich spüren Sie verstärkt Ihren rechten Gesäßknochen. Durch den Knick links bleibt das Becken nämlich erstmal gerade, und je mehr Sie abknicken, desto mehr verlagert sich das Gewicht auf die gegenüberliegende Seite. Knicken Sie also im Sattel mit der Hüfte ein, geben Sie dem Pferd ein verwirrendes Signal.

Machen Sie ein paar Trockenübungen mit und ohne falschen Knick, dann haben Sie auch im Sattel den Unterschied ganz schnell raus und können Ihrem Pferd fürderhin eindeutige Hilfen geben.

*Sie sehen den Unterschied: Links sind Pferd und Reiter in Harmonie. Rechts wirkt die abgeknickte Hüfte kontraproduktiv*

kommt die Schulter um die Ecke, und der Rest schlappt irgendwie hinterher" ist nicht erwünscht. Die Biegung muß durch das ganze Pferd gehen, und der äußere Schenkel gibt den Rahmen für die Hüftpartie – denken Sie daran: Sie sollen sich das Pferd quasi um den inneren Schenkel wickeln!

#### Abwenden rechtsherum

Rechtsherum geht es genauso und natürlich mit den entgegengesetzten Hilfen. Und die ersten Übungen machen Sie selbstverständlich zunächst im Schritt, später geht es auch im Trab und im Galopp (und da wird's leichter, weil Sie mehr Schwung haben), wobei Sie immer eines beachten sollten: Zur halben Parade wie auch zur Richtungsänderung wird erstmal ausgesessen. Erst wenn Sie ein wenig mehr Erfahrung besitzen, sollten Sie aus dem Leichttraben beziehungsweise dem leichten Sitz die Richtung ändern.

## Das Ganze zurück

Vorab eines: Rückwärtsrichten ist eine Lektion, die in der Dressur gefordert wird. Sie gehört in jedem Fall zur Grundausbildung des Pferdes, und sie gehört zur Ausbildung des Reiters. Trotzdem sollte man sie mit Bedacht einsetzen. Im Instinktprogramm des Pferdes ist der *Rückwärtsgang* nämlich nur in zwei Situationen vorgesehen: Für den Rückzug vor einem Hindernis und für den Rückzug in einer Auseinandersetzung. Und bei letzterem wird er nur vom unterlegenen Pferd angewandt. Daraus ergibt sich, daß das Thema Rückwärts für das Pferd nicht unbedingt mit Jubelstimmung verbunden ist.

**„Rückwärts" bedeutet für Pferde eigentlich Rückzug vor Problemsituationen, daher ist diese Richtung nicht sonderlich beliebt und eine echte Gehorsamsüberprüfung**

### Prüfung von Gehorsam und Durchlässigkeit

Darum gilt die Übung Rückwärtsrichten in der Dressur auch als Überprüfung des Gehorsams und der Durchlässigkeit des Pferdes. Und damit ist sie eigentlich keine Lektion für den reinen Anfänger. Wir verraten Ihnen aber dennoch, wie es geht, denn irgendwann wird es auch Ihr Reitlehrer von Ihnen verlangen. Und wir vertrauen darauf, daß Sie beim Einsatz Ihres neuen Wissens ein sensibles Händchen walten lassen.

### So wird's gemacht

Kommen wir also zur Sache: Eingeleitet wird das Rückwärtsrichten natürlich mal wieder – ja, Sie haben es geahnt: durch die halbe Parade. Ihr folgt eine ganze Parade, denn rückwärtsgerichtet wird in der klassischen Reiterei grundsätzlich aus dem Stand. Und zwar – bitte schön! – dem korrekten Stand, das heißt mit „allen vieren geschlossen".

So weit, so gut. Nun ist Action Ihrerseits angesagt: Sie ziehen das Kreuz an und treiben mit den Schenkeln, als wollten Sie das Pferd antreten lassen, geben aber mit der Hand nicht nach, sondern lassen beide Zügel anstehen, schrauben die Zügelfäuste eventuell sogar noch ein bißchen ein (nicht rückwärts ziehen, bitte!) und nehmen gleichzeitig ein bißchen Gewicht von Ihren Gesäßknochen – ja, Sie dürfen sich ein bißchen mit dem Oberkörper nach vorne lehnen. Das entlastet den Pferderücken.

Aber bleiben Sie mit den Schenkeln dran – und zwar gleichmäßig. Sonst kann es Ihnen passieren, daß Ihr Pferd hinten seitwärts ausbricht und sich halb im Staub der Reithalle eingräbt, was nicht nur unschön aussieht, sondern auch ganz und gar nicht Zweck der Übung ist.

Wenn Sie aber gleichmäßig getrieben haben, müßte Ihr Pferd nun ein paar Schritte nach hinten machen. Zählen Sie bitte mit: Mehr als vier sollten es nicht sein. Das entspricht einer Pferdelänge. Danach setzen Sie sich wieder richtig gerade in den Sattel, hören mit dem Treiben auf, geben mit den Händen nach und loben das liebe Tier dafür, daß es so brav getan hat, was Sie wollten. Übrigens: Auch nach dem Rückwärtsrichten soll das Pferd wieder geschlossen auf allen vieren stehen.

***Rückwärtsrichten:***
***Lüften Sie Ihre Kehrseite etwas an, und treiben Sie eine Handbreit hinter dem Gurt***

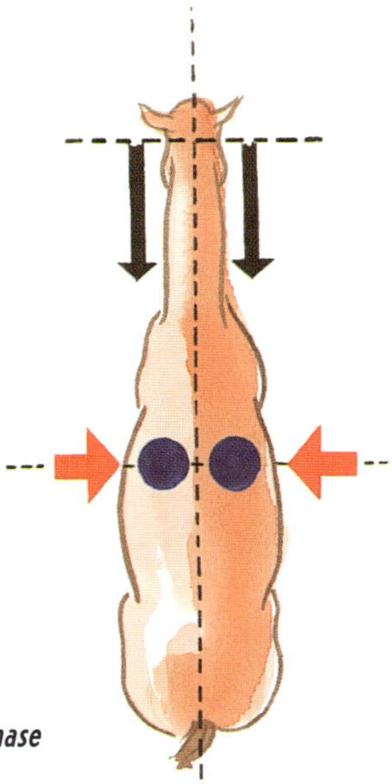

*1. Phase*

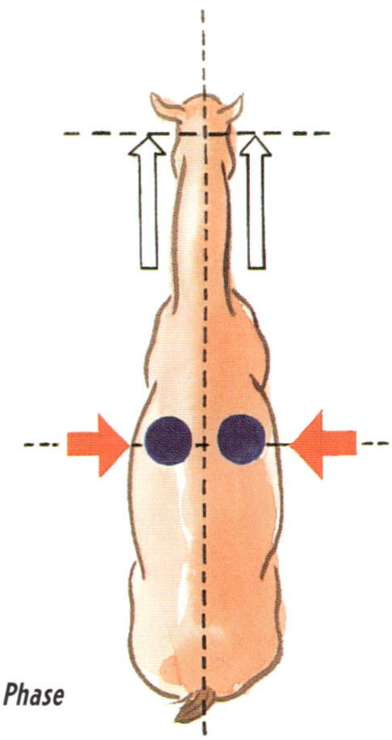

*2. Phase*

***Hilfen beim Rückwärtsrichten 1. und 2. Phase***

## Seitwärts

Wahrscheinlich schaffen wir es jetzt, daß sämtliche Reitlehrer, die dieses Buch je in die Finger bekommen, die Augenbrauen hochziehen und sagen: „Die haben doch wohl nicht mehr alle! In dem Stadium schon die Seitengänge …"

Die Herren – und Damen – mögen uns verzeihen: Wir wollen ja nicht gleich mit Travers und Renvers ins Haus fallen. Außerdem, irgendwann muß man ja mit den Seitengängen anfangen, sie sind schließlich wichtige Übungen, bei denen man viel über die Wirkung und Koordination reiterlicher Hilfen lernen kann. Und selbst wenn man Sie, lieber Leser, die Übungen noch nicht nachreiten läßt: Es kann nicht schaden, wenn Sie schon einmal wissen, wie's geht.

### Seitengänge, die erste: Schenkelweichen

Die ersten Versuche gelingen am besten in der Halle beziehungsweise auf einem Reitplatz, denn dazu sollten Sie die Anlehnung an die Wand oder den Zaun haben. Beim Schenkelweichen geht das Pferd vorwärts-seitwärts, die inneren Pferdebeine kreuzen dabei die äußeren. Die Vorhand befindet sich auf dem ersten Hufschlag, die Hinterhand um etwa 45 Grad versetzt auf dem zweiten Hufschlag.

### An der langen Seite

Fangen Sie am besten oben an einer langen Seite an. Sie reiten linke Hand. Nun lassen Sie Ihr Pferd dem rechten Schenkel weichen. Sie parieren durch (Sie wissen doch noch: Halbe Parade, einsitzen, treiben, ganze Parade.), nehmen die Gerte (in diesem Fall empfiehlt sich übrigens eine lange Dressurgerte) in die rechte Hand, stellen Ihr Pferd rechts, also mit der Nase zur Bande und nehmen den rechten Zügel dabei etwas stärker an. Nun bringen Sie Ihr Gewicht auf den rechten Gesäßknochen, es hat treibende Funktion. Der rechte Schenkel treibt leicht hinterm Gurt, der linke Schenkel bleibt in Anlehnung ebenfalls etwas hinterm Gurt, er ist dazu da, das Tempo abzufangen. Und wenn Sie es schaffen, dabei

*Wenn's richtig seitwärts gehen soll, müssen Sie besonders darauf achten, nicht in der Hüfte abzuknicken*

weder den Bügel zu verlieren noch den Absatz hochzuziehen, haben Sie schon fast die höheren Weihen erreicht! Die Gerte schließlich liegt über Ihrem rechten Oberschenkel in Richtung Kruppe des Pferdes. Sie liegt da nur – im Idealfall muß sie nichts tun als da liegen, sozusagen als „optisch treibendes Element"

### Stellung und Biegung

Hat das Pferd in seiner Grundausbildung die Übung ordentlich gelernt, sollte sie nun auch unter Ihnen gelingen, so Sie genug mit dem inneren (rechten) Schenkel getrieben haben. Wenn Sie Glück haben und es richtig gemacht haben, beginnt das Pferd nämlich, seitwärts zu treten. Sehr gut ist es, wenn sich dabei die Vorder- und Hinterbeine gleichmäßig kreuzen und perfekt, wenn das Pferd dabei geradegerichtet bleibt – also weder im Hals zu sehr nach innen verdreht ist (die Stellung können Sie mit dem äußeren Zügel korrigieren), noch mit der Hinterhand in Gegenrichtung ausfällt – weshalb Sie ja Ihren linken Schenkel etwas hinter dem Gurt haben, wo er „verwahrt", wie man das in der Sprache der Dressurreiter nennt. Denken Sie dabei bitte auch an Ihre Hüfte.

Auf der anderen Hand geht's spiegelverkehrt, und natürlich kann man ein Pferd beim Schenkelweichen auch zur Hallenmitte stellen. Das ist anfangs schwieriger, denn Sie haben nun keine Begrenzung mehr, Ihr Pferd hat's also leichter, Ihnen nach vorne abzuhauen.

Und nun können wir uns die gemeine Frage nicht verkneifen, die Reitlehrer in diesen Situationen so gerne stellen: Wenn Sie auf der linken Hand reiten und das Pferd zur Bahnmitte stellen – welchem Schenkel muß es dann weichen? Na? Dem linken natürlich.

### Wo ist „innen und wo „außen"?

Am besten merken Sie es sich, wenn Sie sich noch einmal einen Grundsatz in der Reiterei vergegenwärtigen. Denn letztlich geht's ja nicht um links und rechts, sondern um *innen* und *außen* – was auf der linken genauso der Fall sein kann wie auf der rechten. Im Klartext: Innen ist immer die Seite, nach der das Pferd gestellt oder gebogen ist. Normalerweise ist das die Richtung zur Bahnmitte, aber es gibt ja auch Lektionen wie etwa Außengalopp oder Hufschlagfiguren wie Schlangenlinien (nur Geduld – die erklären wir Ihnen später noch), in denen sich die ursprüngliche Stellung zur Bahnmitte ändert. Wenn *innen* demnach die hohle, konkave Seite des Pferdes ist, nach der es sich biegt, ist logischerweise die konvexe *außen*, egal auf welcher Hand Sie reiten, ob innerhalb einer Bahnbegrenzung oder mitten in der freien Pampa.

### Schenkelweichen immer dem inneren Schenkel

Zurück zum Schenkelweichen: Dort weicht das Pferd *immer* dem inneren Schenkel, also dem, in dessen Richtung es gestellt ist. Ist es nach links gestellt, weicht es logischerweise dem linken Schenkel. Der treibt es vorwärts-seitwärts nach außen, also in dem Fall nach rechts. Ist das Pferd nun nach rechts gestellt, weicht es dem rechten Schenkel nach links. Alles klar …?

### Seitengänge, die zweite: Für Fortgeschrittene

Aus dem Schenkelweichen entwickeln sich alle anderen Seitengänge, die da sind: *Schulterherein, Travers* und *Renvers* und die *Traversalen*. Allerdings – das sind wirklich Übungen für weit Fortgeschrittene, und wir erwähnen sie nur der Vollständigkeit halber. Allen Seitengängen ist übrigens gemeinsam, daß Sie sich hervorragend zur Gymnastizierung eignen.

***Seitengänge für Fortgeschrittene. Oben: Schulterherein, unten: Traversale***

## Die Wendungen

Jetzt dürfen Sie noch einmal beweisen, daß Sie mittlerweile dazu fähig sind, sich Ihr Pferd um den Schenkel zu „wickeln" …

### Vorhandwendung

Bei der Vorhandwendung geht es, wie der Name schon sagt, darum, das Pferd um seine eigene Vorhand herum zu wenden, und zwar um 180 Grad. Dabei treten die Vorderbeine quasi auf der Stelle und die Hinterbeine beschreiben einen Kreis um die Vorhand herum. Gewendet wird aus dem Halten heraus.

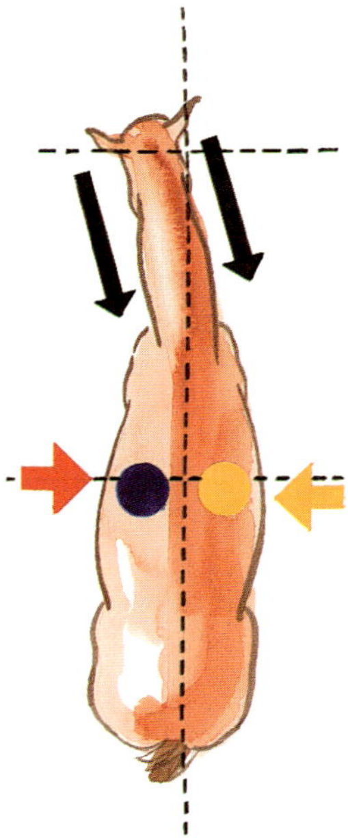

***Hilfen bei der Vorhandwendung***

#### So wird's gemacht

Am besten, Sie probieren es wieder an der langen Seite der Bahn, linke Hand. Das Kommando lautet dann im Normalfall *„Auf der Vorhand rechts um kehrt"*. Rechts um, weil der Pferdekopf in diesem Fall nach rechts herumgeführt wird. Damit Ihr Pferd genug Platz hat und sich bei der Drehung nicht die Nase an der Bande anhaut, steht es dabei nicht auf dem ersten, sondern, weiter zur Bahnmitte, auf dem zweiten Hufschlag. Nun machen Sie Vorbereitungen wie zum Schenkelweichen.

Doch jetzt darf sich das Pferd richtig biegen: Bringen Sie es mit dem inneren Zügel (Sie wissen es noch – das ist der, der dem Pferd die Biegung gibt, in dem Fall also der rechte!) deutlich in Stellung, treiben Sie mit dem inneren Schenkel etwas hinter dem Gurt, und begrenzen Sie die Aktion mit dem äußeren verwahrenden Schenkel gut eine Handbreit hinter dem Gurt – jetzt sollte der erste Schritt um die Vorhand herum kommen. War er richtig? Korrigieren Sie im Zweifelsfall Ihren Sitz und die Stellung des Pferdes – und leiten Sie erst dann, wenn alles wieder in Ordnung ist, den nächsten Schritt ein. Die Übung soll Ihr Gefühl für Stellung und Biegung schulen, und das gelingt am besten, wenn Sie sich dabei viel Zeit lassen.

Es gibt übrigens auch das Kommando *„Auf der Vorhand rechts/ links um"* – damit meint der Reitlehrer eine Wendung nur um 90 Grad.

### Hinterhandwendung

Während die Vorhandwendung ziemlich einfach zu reiten ist, wird's bei der Hinterhandwendung etwas schwieriger, weshalb diese auch schon wieder ins Fortgeschrittenen-Programm gehört. Sie sollen trotzdem wissen, wie's geht.

#### So wird's gemacht

Sie beginnt damit, daß Sie Ihr Pferd – wir bleiben der Einfachheit halber auf der linken Hand – ordentlich aufstellen, geradegerichtet an der Bande. Kommando: *„Auf der Hinterhand links um kehrt"*. Das heißt: Das Pferd ist nach links gestellt, und die Vorderbeine beschreiben einen Halbkreis von 180 Grad um die auf der Stelle tretenden Hinterbeine (hören Sie *„um"* ohne *„kehrt"*, belassen Sie es wieder bei 90 Grad).

Zur Wendung setzen Sie sich verstärkt auf den inneren Gesäßknochen (bei einer Hinterhandwendung nach links ist das ebenfalls der linke) und legen den inneren Schenkel an den Gurt. Der innere Zügel gibt ein wenig nach, ohne dabei die Stellung aufzugeben, der äußere steht dafür an. Der äußere Schenkel liegt eine Handbreit hinter dem Gurt. Mit ihm wird die Vorderhand um die Hinterhand herumgetrieben, der innere Schenkel fängt die Tritte auf und sorgt dafür, daß das Pferd dabei vorwärts und nicht rückwärts geht.

Die ersten drei Tritte sind am leichtesten, weil das Pferd hier noch problemlos um sein inneres Hinter-

bein drehen kann. Dann neigt es jedoch dazu, das innere Hinterbein in die Bewegung mitzunehmen. Ein wenig ist erlaubt, aber allzuviel ist ungesund – und das können Sie am besten dadurch vermeiden, daß Sie auch hier am Anfang jeden Tritt einzeln herausreiten, sich dann wieder ordentlich im Sattel sortieren und mit voller Konzentration den nächsten Tritt angehen.

In beiden Fällen gilt: Übertreiben Sie es nicht! Die Übungen sind für Sie und das Pferd anstrengend. Lassen Sie sich daher Zeit, begnügen Sie sich für den Anfang mit einer halben Wendung, und vergessen Sie nicht, Ihr Pferd fürs Mitmachen zu loben!

**Kurzkehrtwendung**

Im weiter fortgeschrittenen Stadium werden Sie die Hinterhandwendung übrigens auch aus dem Schritt, respektive Trab, heraus reiten. *Kurzkehrtwendung* heißt das dann. Vor der Wendung wird vom Trab zum Schritt pariert, dann folgt flüssig aus der Bewegung die Hinterhandwendung um 180 Grad, und ohne Stop geht's dann gleich wieder auf der anderen Hand vorwärts, dabei maximal einen Schritt, bis wieder angetrabt wird.

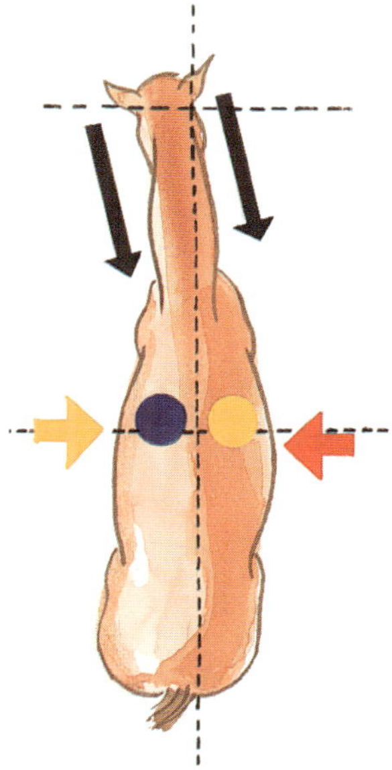

*Hilfen bei der Hinterhandwendung*

*Heike zeigt Ihnen hier eine Hinterhandwendung*

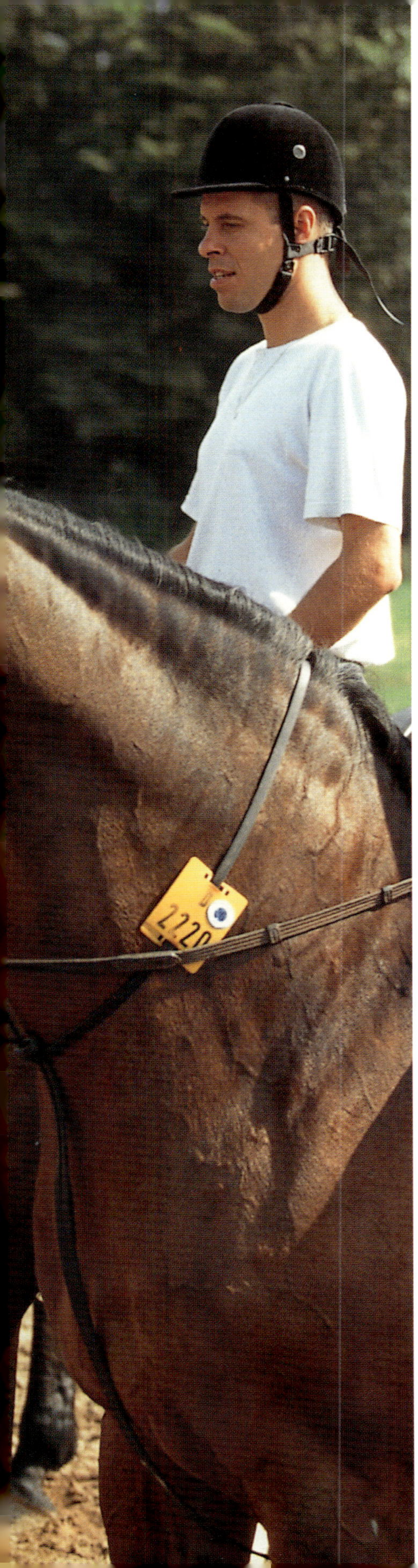

# IN DER BAHN: BENIMM UND HUFSCHLAGFIGUREN

Ja, wir ahnen es: Eigentlich wollten Sie gar nicht hauptsächlich in der Bahn reiten. Sie sehnen sich, seit Sie aufs Pferd gestiegen sind, nach dem Gelände – ohne Wände und Zäune. Verstehen wir nur zu gut. Trotzdem müssen wir Sie noch ein wenig mit der Bahn plagen. In der gibt es nämlich die Möglichkeit, einiges zur Gymnastizierung des Pferdes zu tun, ohne die es seinen Reiter nur schwerlich ohne Verschleißerscheinungen herumtragen könnte. Und außerdem vermittelt der Bahnbetrieb „Benimmregeln", die weit mehr sind als ein Knigge für Reiter. Sie kommen aus der Erfahrung und dienen der Sicherheit – was Sie spätestens merken, wenn Sie einmal in einer vollbesetzten Halle unterwegs sind.

Versprochen: Wir machen es nur so ausführlich wie nötig und so kurz wie möglich.

# „BENIMMREGELN" IN DER BAHN

## „Tür frei?!"

Die allererste Grundregel greift schon vor der Reithalle: Betreten Sie grundsätzlich, weder allein noch zu Pferd oder mit dem Pferd an der Hand, eine Halle oder einen Reitplatz, ohne vorher mit einem deutlichen Rufen Ihre Absicht anzukündigen. Der Standardruf, der jedem Reiter in der Bahn verkündet, was Sie vorhaben, heißt: „Tür frei, bitte?!" Er ist höfliche Aufforderung an die in der Bahn, Platz für Sie zu machen. Sobald kein Reiter mehr in der Nähe der Bandentür ist, der Sie über den Haufen reiten könnte, antwortet der, der in der Halle den Überblick hat: „Tür ist frei!" Grünes Licht für Sie und Ihr Pferd.

*Der Reiter-Knigge gebietet es, anderen nicht in die Quere zu kommen*

### Auf- und Absitzen in der Mitte

Eigentlich ist es eine Selbstverständlichkeit, aber es sei dennoch erwähnt: Zum Aufsitzen, Nachgurten und Absitzen stellen Sie sich natürlich den anderen Reitern nicht in den Weg. Der Platz für solche Tätigkeiten ist immer in der Mitte der Bahn, und die Höflichkeit verlangt, daß Reiter und Pferd das Gesicht dabei der Haupttribüne zuwenden (selbst wenn sie menschenleer ist).

### Eine Pferdelänge Abstand

Beim Reiten in der Bahn ist immer ein ausreichender Sicherheitsabstand zu wahren. Auch wenn Ihre beste Freundin mit dem besten vierbeinigen Kumpel Ihres Pferdes unterwegs ist: mindestens drei Schritte beziehungsweise 2,50 Meter (die berühmte „Pferdelänge") zwischen den beiden Tieren sollten gewahrt bleiben. Auch die friedlichsten Pferde können einmal erschrecken und ausschlagen.

## AUS DEM TAGEBUCH

### Peinliche Bahnermahnung an SLB

**„Rede nicht über, sondern mit ihm!"**

Wer mich kennt, weiß es: Ich bin nicht gerade schüchtern. Um es mit einer gewissen Deutlichkeit zu sagen: Ich habe eine große Klappe, die zu halten mir recht schwer fällt. Ich pflege auch beim Reiten ganz gerne mal ein bißchen zu quasseln ...

Und so erinnere ich mich daran, wie ich einst mit einem kleinen Wallach in der Reitbahn unterwegs war. In der Halle stand eine liebe Freundin, die einiges mehr an Reiterfahrung aufzubieten hatte als ich und die mir Unterricht gab. Irgendwann, nach einer gelungenen Lektion, kommandierte sie „Eine Runde Schritt am langen Zügel!" Ich relaxte, streckte mich – und kaum war die Konzentration weg, begann ich zu quasseln. Ich wollte ihr erzählen, wie mein Rößlein sich angefühlt hat – und bekam von meiner Freundin prompt eine ab: „Du sollst nicht über ihn reden – höchstens mit ihm!"

Sie hatte recht. Abgesehen davon, daß der Reiter in der Bahn grundsätzlich keine Plauderstündchen abhalten sollte (auch nicht mit dem Partner, der ihn von der Tribüne aus bestaunt): In der Stunde, die man darin mit dem Pferd unterwegs ist, sollte man seine Aufmerksamkeit wirklich dem Pferd zuwenden. Wenn Ihnen also, wie mir manchmal danach ist, irgend etwas zu sagen: Reden Sie leise mit Ihrem Pferd! Es ist nicht nur höflicher den anderen Reitern gegenüber, die sich auch konzentrieren sollen und wollen, sondern auch ein Gebot des Anstands Ihrem Pferd gegenüber.

## Wo, bitte, geht's zum Hufschlag?

Den Terminus haben Sie schon in den vorigen Kapiteln gelesen: „Hufschlag". In einer schlecht gepflegten Bahn können Sie ihn einfach erkennen, denn er ist ausgetreten und wird zu selten eingeebnet (was man schon im Hinblick auf die Gesundheit der Pferdebeine regelmäßig tun sollte). Der Hufschlag ist der Weg, den die Pferde an der Bande entlang üblicherweise nehmen.

Sie können sich sicher schon vorstellen, daß ungeregeltes Durcheinanderreiten unfallträchtig wäre. Daher gilt in der Bahn die Regel, daß entweder die Bahnfiguren oder eben „ganze Bahn" im Hufschlag geritten wird. Und wie Sie schon wissen, gibt es neben dem üblichen ersten oder äußeren Hufschlag auch noch mindestens einen weiteren, nach innen versetzt.

### „Verkehrsregeln"

Für die Benutzung des Hufschlags gelten folgende „Verkehrsregeln":

**Der Hufschlag gehört den „Schnellsten"**

Wird auf einer Hand geritten (das heißt, alle Reiter in der Halle sind in derselben Richtung unterwegs), gehört der Hufschlag den „Schnellsten". Der trabende oder schrittreitende Reiter hat gegenüber dem, der im Galopp kommt, auf den inneren Hufschlag auszuweichen (Abstand aus Sicherheitsgründen mindestens eine Pferdelänge) und ihn außen vorbeizulassen. Und weil das Ausweichen vielleicht nicht schnell genug geht: Wenn Sie Schritt reiten, gehen Sie am besten gleich ganz auf den inneren Hufschlag. Vergessen Sie dabei bitte auch nicht, Ihre Gerte nach innen zu nehmen! In der Halle gehört sie grundsätzlich in die innere Hand, damit sie keinen anderen Reiter stört.

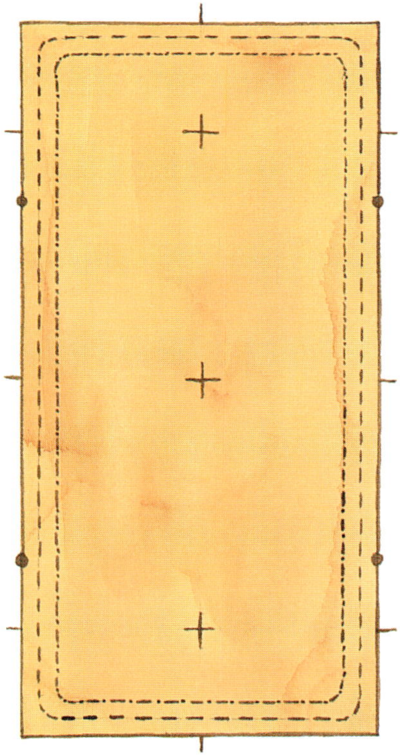

- - - *äußerer Hufschlag*

- · - · - *innerer Hufschlag*

**Ganze Bahn vor Zirkel**

Ganze Bahn geht vor Zirkel! Ein Reiter, der auf dem Zirkel unterwegs ist (kennen Sie noch nicht? Keine Sorge – auf der nächsten Seite finden Sie die Bahnfiguren und die Erklärung, was der „Zirkel" ist), muß an dem, der auf dem Hufschlag reitet, innen vorbei.

**Linke Hand hat „Vorfahrt"**

Wenn in einer Halle durcheinander geritten wird und die einen auf der linken und die anderen auf der rechten Hand unterwegs sind, haben die Reiter auf der linken Hand „Vorfahrt" im äußeren Hufschlag.

**Äußerer Hufschlag dem, der schon darauf ist**

Manchmal wird auch in Reitstunden auf beiden Händen durcheinandergeritten. Ordnet der Reitlehrer dann die gleiche Hand für alle Reiter an, gehört denjenigen, die sich schon auf ihr befinden, der äußere Hufschlag.

# BAHNFIGUREN

Pferde sind Gewohnheitstiere – darum reitet man auch dann, wenn man mit Ihnen allein in der Bahn ist, die Wege, die später in Dressurprüfungen verlangt werden.

## Die Bahnpunkte

Wer dereinst diese Buchstabenbezeichnungen im Dressurviereck erfunden hat, ist nicht mehr zu eruieren – und das ist wahrscheinlich ein Glück, denn der Verantwortliche hätte damit rechnen müssen, daß x Reitergenerationen sauer auf ihn sind. Das einzige System, das dabei nämlich festzustellen ist: Es gibt keins. Wer die Buchstaben in ihrer richtigen Reihenfolge auswendig lernen will, kann sich eine Eselsbrücke bauen: **A**lte **K**ühe **E**ssen **H**eu, **C**älber **M**ögen **B**ess'res **F**utter. Wenn Sie in einer „normalen" Reithalle unterwegs sind, ist es allerdings einfacher, denn dort sind zu den Buchstaben zusätzlich Symbole angebracht. Manchmal sogar nur die Symbole - und die haben System.

Das sind also die Bahnpunkte, die Ihnen den rechten Weg weisen:

**Die HB-Punkte,** normalerweise werden sie mit einem Punkt und der Aufschrift „HB" jeweils an der Mitte der langen Seite angezeichnet, es gibt folglich zwei davon. Das „HB" steht für „Halbe Bahn". Im Dressurviereck findet man dort die Buchstaben E und B.

**Die Wechselpunkte,** vier an der Zahl, sind am Anfang der langen Seite mit einem Strichbalken gekennzeichnet. Die zugehörigen Buchstaben heißen K, H, M und F.

**Die Zirkelpunkte,** auch *Paradepunkte* genannt: Wie viele es gibt, hängt von der Größe der Reithalle ab. Ins Viereck mit dem Normalmaß 40 x 20 Meter passen zwei Zirkel, die mit sechs Zirkelpunkten bezeichnet werden.

Zwei finden Sie jeweils an der Mitte der kurzen Seite, sie heißen A und C, vier liegen an den langen Seiten, ein Stück weiter nach innen gerückt neben den Wechselpunkten und werden mit einem dicken schwarzen Punkt bezeichnet. Die Zirkel haben auch noch Mittelpunkte, die man mit D und G bezeichnet, aber diese Buchstaben müssen Sie sich denken – in der Mitte der Bahn sind so schlecht Schildchen anzubringen.

Reiten Sie nun in einer Halle mit den „Western-Maßen" 20 x 60 Meter, passen drei Zirkel nebeneinander hinein. Außer denen oben und unten noch einer in der Mitte. Der wird oft durch Bälle, die in der Mitte von der Decke hängen, bezeichnet.

*Die Reitbahn und ihre Abmessungen*

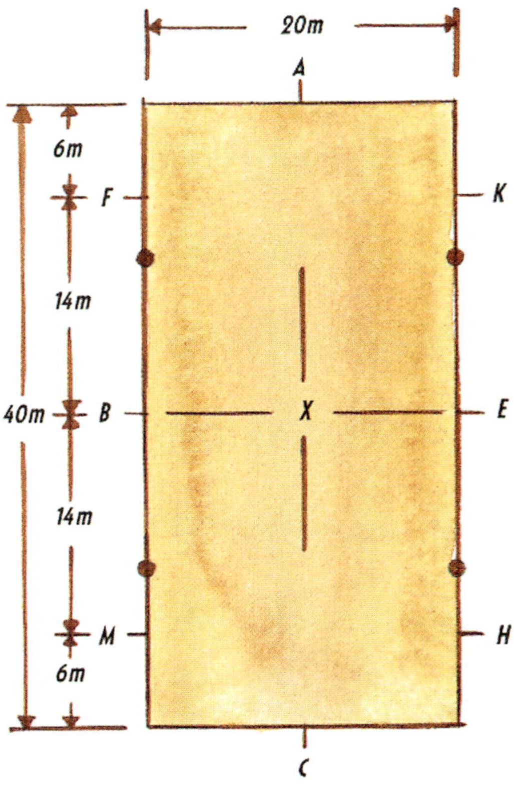

**Das X** wiederum ist der Mittelpunkt des Vierecks, dort, wo sich die Linien A und C und E und B kreuzen, und den Sie sich – wenn er nicht auch „von der Decke hängt“ – ebenfalls denken dürfen.

**Dann „kringeln“ Sie sich mal durch die Bahn** …
Zur Ausbildung von Roß und Reiter gehört immer wieder dasselbe Thema: *Biegung und Stellung.* Biegung wird am besten auf gebogenen Linien trainiert, weshalb der gute Ausbilder immer wieder entsprechende Figuren reiten läßt.

Das soll nicht nur das langweilige „Immer an der Wand lang“ unterbrechen, sondern dient vor allem der Gymnastizierung des Pferdes. Das ist nämlich von der Natur aus nicht als Reittier vorgesehen, sondern muß erst durch das Trainieren der richtigen Muskulatur und der Balance in die Lage versetzt werden, einen Reiter so zu tragen, daß es nicht langfristig Schaden nimmt. Und weil Pferde keine Maschinen sind, die, einmal „fertiggestellt“, sozusagen automatisch in Form bleiben, muß man sie – wie jeden Sportler – ständig im Training halten.

**Biegen und Stellen verbessert die Koordination**
Die Arbeit auf gebogenen Linien macht das Pferd geschmeidig, geht in die „Muckis“ und verbessert die Koordination. Abgesehen davon, daß auch Sie sich, wenn Sie regelmäßig eine intensive Bahnstunde einlegen, das Fitneßcenter sparen können, lernen Sie, Ihre Hilfen immer besser zu koordinieren und Ihr Pferd „auf den Punkt“ zu kontrollieren. Und das wird Ihnen spätestens dann nützlich sein, wenn Sie ins freie Gelände aufbrechen …

***Biegung und Stellung: Links sehen Sie „geradegerichtet“, in der Mitte „gestellt“ und rechts „gebogen“***

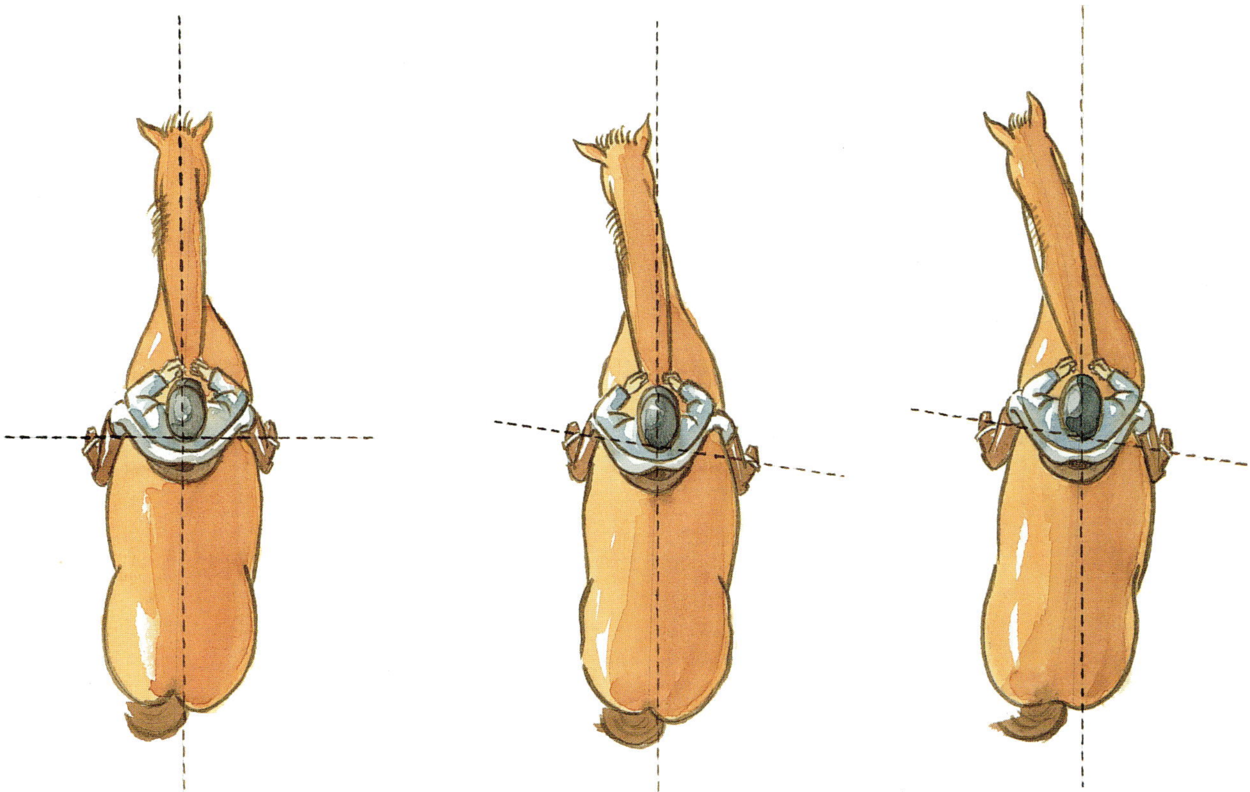

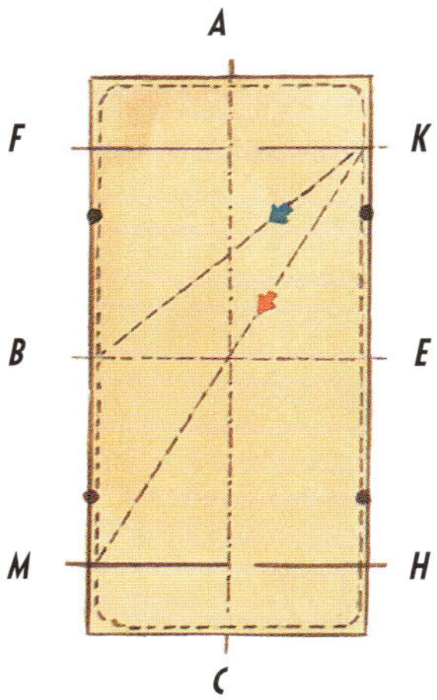


***ABCEA: ganze Bahn***
***KM: durch die ganze Bahn***
***KB: durch die halbe Bahn***

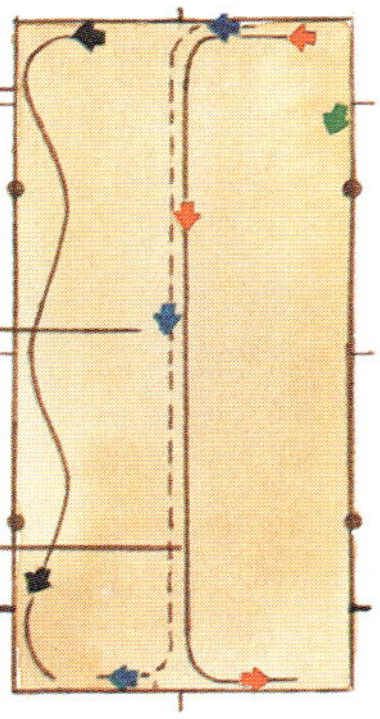


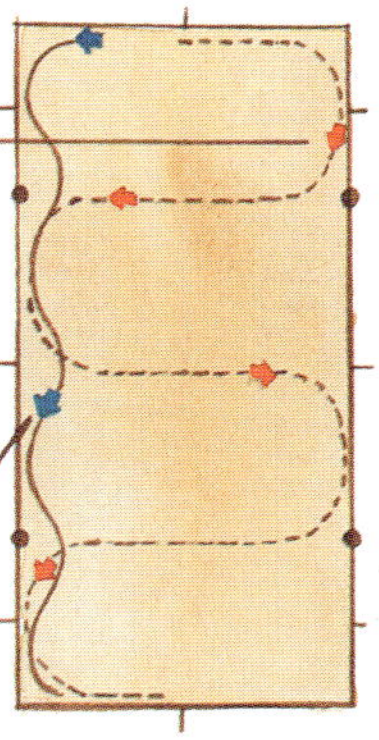


## Bahnkommandos

### Durch die ganze Bahn wechseln

Mit dieser Bahnfigur haben Sie am häufigsten zu tun. Sie meint den einfachsten Handwechsel, der von einem Wechselpunkt zum anderen führt. Nach Durchreiten der Ecke wenden Sie am Wechselpunkt ab und steuern schnurgerade auf der Diagonalen auf den schräg gegenüberliegenden Wechselpunkt zu. Wenn Sie leichttraben, wird ungefähr eine Pferdelänge vor dem oberen Wechselpunkt umgesessen. Beim Galopp – das ist wieder was für die Fortgeschrittenen unter Ihnen – parieren Sie an dieser Stelle zum Schritt durch und galoppieren auf der neuen Hand wieder an.

### Durch die halbe Bahn wechseln

Der Wechsel durch die halbe Bahn erfolgt nach der Ecke vom Wechselpunkt zum schräg gegenüberliegenden Punkt HB. Beim Leichttraben und Galoppieren wird verfahren wie beim Wechsel durch die ganze Bahn.

### Durch die Länge der Bahn wechseln oder reiten

Der Wechsel durch die Länge der Bahn führt vom Zirkelpunkt der einen kurzen Seite auf gerader Linie zum gegenüberliegenden, an dem dann die Hand gewechselt wird. Diese Figur wird Ihnen in der Reitstundenpraxis wahrscheinlich seltener begegnen, ist aber bei Dressurprüfungen oft vorgeschrieben. Sollten Sie in dem Zusammenhang einmal damit zu tun bekommen: Die Herren Richter legen dabei vor allem Wert darauf, daß die Pferde auf dem Weg durch die Länge der Bahn wirklich geradegerichtet sind, also die Hinterbeine in gleicher Spur wie die Vorderbeine laufen und nicht etwa schief versetzt hinterherschlappen. Aber dazu erfahren Sie später im Zusammenhang mit dem *„An die Hilfen Stellen“* mehr.

Neben dem *Wechseln* gibt es auch die Figur *„Durch die Länge der Bahn reiten“*, bei der Sie am zweiten Zirkelpunkt nun nicht die Richtung ändern, sondern auf der gleichen Hand weiterreiten.

### Diverse Schlangenlinien

Schlangenlinien dienen ebenfalls der Biegung und Stellung. Am besten und einfachsten sind sie auf den Zeichnungen links Mitte sowie links unten nachzuvollziehen.

**Eine einfache Schlangenlinie** an der langen Seite wird so geritten, daß der Abstand zum Hufschlag am Scheitelpunkt des Bogens (auf der Höhe von HB) etwa fünf Meter beträgt.

**Bei einer doppelten Schlangenlinie an der langen Seite** sind die Bögen rund zweieinhalb Meter vom Hufschlag entfernt. Für das Reiten von Schlangenlinien gilt: Sie beginnen und enden immer am Wechselpunkt.

**Bei den Schlangenlinien** durch die ganze Bahn (kommandiert wird da in Dressurprüfungen „Fünf Bögen“) gelten der erste und der letzte als ganze Bögen, obwohl sie tatsächlich nur zur Hälfte ausgeführt werden. Reiten Sie durch die ganze Bahn eine ungerade Zahl von Bögen, kommen Sie wieder auf derselben Hand am Hufschlag an. Reiten Sie eine gerade Zahl, landen Sie auf der anderen Hand. Je mehr Bögen es sind, desto besser muß Ihr Gefühl für Raumaufteilung sein, denn im Idealfall fallen alle Bögen gleich groß aus.

Übrigens: Fluchen Sie nicht, wenn Ihr Reitlehrer Sie leichttrabenderweise Schlangenlinien reiten läßt! Sie müssen natürlich jedesmal, wenn Sie die Richtung wechseln, auch umsitzen – und das ist eine wunderbare Übung! Wer es oft genug getan hat, bei dem ist es schließlich so „drin“, daß er auch im Gelände bei einem Handwechsel geradezu automatisch umsitzt, was dann wieder den Beinen seines Pferdes zugute kommt. Überhaupt ist das gekonnte „Schlängeln“ ideal, wenn Sie sich im dichten Wald an den Bäumen vorbei manövrieren müssen.

### Zirkelfiguren

Auch die Zirkelfiguren dienen Ihrer und des Pferdes Gymnastizierung. Als da sind:

**Auf dem Zirkel geritten** – Sie wenden am Zirkelpunkt ab und reiten im gleichmäßigen Kreisbogen durch den gedachten Bahnmittelpunkt X wieder zum gegenüberliegenden Zirkelpunkt. Sie bleiben so lange auf dem Zirkel, bis Sie wieder das Kommando *„Ganze Bahn“* erhalten. Und Sie reiten natürlich insgesamt einen schönen runden Kreis und kein Osterei – das heißt, an der kurzen Seite der Bahn werden die Ecken nicht ausgeritten, sondern „abgeflacht“, wie in der Zeichnung zu sehen.

**Aus dem Zirkel wechseln** heißt die nächste Figur. Sie reiten einen Zirkel und am Punkt X, also in der Bahnmitte, stellen Sie Ihr Pferd um und wechseln auf der anderen Hand in den anderen Zirkel. Nun reiten Sie aber keine Achten, sondern bleiben auf dem neuen Zirkel so lange, bis Ihnen der Reitlehrer ein neues Kommando gibt.

**Durch den Zirkel wechseln** heißt das Kommando, wenn Sie auf dem Zirkel die Hand wechseln sollen. Jetzt ist wieder eine schöne, gleichmäßige Schlangenlinie fällig. Abgewendet wird am Zirkelpunkt der langen Seite zur Bahnmitte hin, dann geht's im Halbbogen zur Zirkelmitte, dort wird das Pferd umgestellt, und dann geht's auf der anderen Hand im Halbbogen zum gegenüberliegenden Zirkelpunkt. Und Sie bleiben auch hier wieder auf dem Zirkel, bis das nächste Kommando kommt.

### Die Volte und ihre Varianten

**Die Volte** ist ein Mini-Zirkel von sechs bis zehn Metern Durchmesser, der gewöhnlich an der langen Seite geritten wird. Wieder was für Fortgeschrittene, denn das Pferd muß sich sehr stark biegen, und die Hilfen müssen entsprechend exakt kommen. Sie wenden auf das Kommando *„Volte –Marsch“* zur Bahnmitte ab und führen Ihr Pferd im Kreis zu Ihrem Ausgangspunkt zurück auf den Hufschlag.

*„Volte kehrt – Marsch“*, bei diesem Kommando setzen Sie zur gleichen Figur an, nur schließen Sie die Volte nicht, sondern stellen nach einem Halbkreis das Pferd um und reiten in gerader Linie auf der anderen Hand zum Hufschlag zurück.

**Aus der (nächsten) Ecke kehrt,** heißt's, wenn Sie die oben genannte Kehrtvolte in einer Ecke absolvieren, was übrigens immer am Ende einer langen Seite stattfindet.

**Die Acht** ist sehr selten zu sehen, allerdings eine hervorragende Übung für Fortgeschrittene. Sie reiten eine Volte und hängen dann, wie bei *„Aus dem Zirkel wechseln“* eine zweite Volte auf der anderen Hand dran.

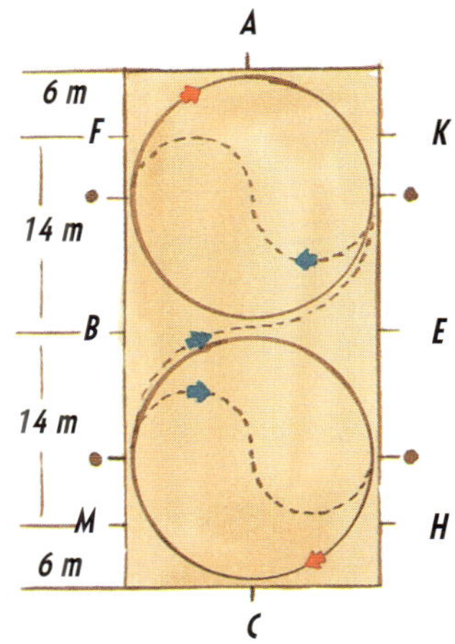


● : Zirkelpunkte

KXM / MXK : Aus dem Zirkel wechseln

: Durch die Zirkel wechseln

: Auf dem Zirkel geritten

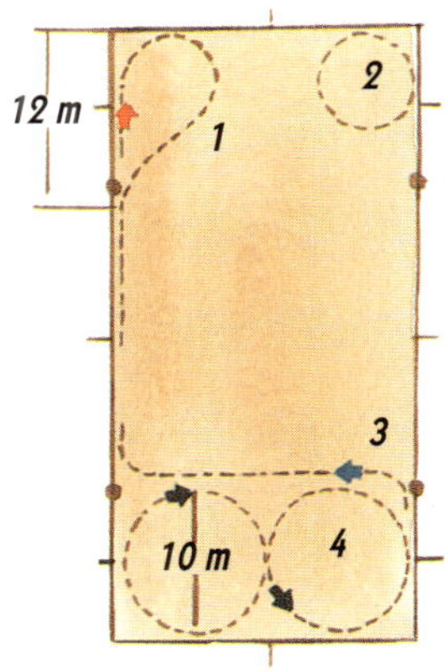


1: Aus der Ecke kehrt
2: Volte
3. Wendung linksum in der Bahn
4: Die Acht

——— = Anfang rechts/links dreht, links/rechts marschiert auf

- - - - - = Abteilung zu einem rechts/links ab – Marsch

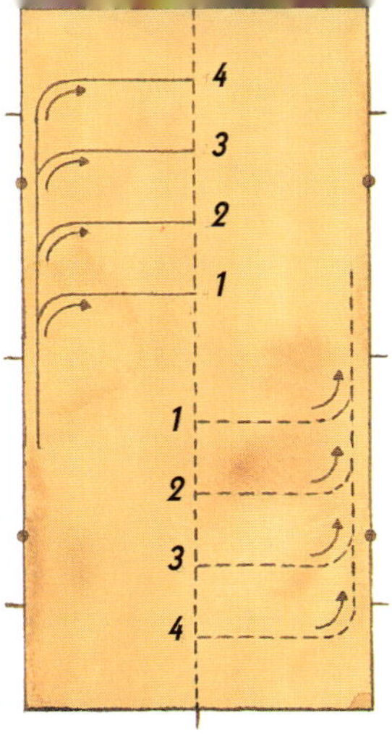


**Abbrechen und Aufmarschieren**

Am Anfang einer Reitstunde wird, so Sie nicht Einzelstunden nehmen, normalerweise eine Abteilung gebildet. Die Pferde stehen mit dem Kopf zur langen Seite kurz vor der Mittellinie aufgereiht. Der Reitlehrer bestimmt die Tête (den anführenden Reiter), die dann als erste anreitet, die anderen folgen einer nach dem anderen nach. Das geht auf die lockere Art: *„Anreiten linke (rechte) Hand und Abteilung bilden"*.

Man kann's aber auch in Formation. Dort entspricht die Aufstellung schon der vorgesehenen Reihenfolge in der Abteilung, und dann heißt das Kommando **Abteilung zu einem rechts (links) brecht ab – Marsch.** Die Tête reitet an, der Nachbar folgt in dem Moment, wo das führende Pferd eine Pferdelänge voraus ist, im gleichen Abstand der nächste und so fort. Am Anfang einer Reitstunde geschieht das immer im Schritt. Man kann das Ganze aber auch zwischendurch in den Unterricht einbauen, und im Trab geht das natürlich auch.

Vorher muß man die Pferde allerdings erstmal zur Mittellinie bringen. Und das machen Sie so: Auf das Kommando **Anfang rechts (links) dreht, links (rechts) marschiert auf – Marsch,** wendet der erste Reiter nach rechts (links) zur Bahnmitte ab und reitet geradeaus zur Mittellinie, vor der er zum Halten durchpariert. Die nachfolgenden Reiter tun im Abstand von etwa einer Pferdelänge das gleiche und reihen sich schön ordentlich nebeneinander auf. So beendet man auch die Reitstunde.

## DER PRAXISTIP

### SLBs grundsätzliche Anmerkung zur Bahnreiterei

Ich bin bestimmt keine Anhängerin von sturem „Drill" in irgendeiner Form. Im Gegenteil – ich glaube, daß er in vielen Fällen nur abstumpft. Allerdings habe ich die Erfahrung gemacht, daß mir der „Drill", den ich dereinst in der Reithalle erfahren habe, gut bekommen ist.

Ich habe gelernt, Bahnfiguren sehr korrekt zu reiten und ohne weiteres Nachdenken beim Leichttraben umzusitzen. Es wurde mir eingebimst, bis es mir in Fleisch und Blut übergegangen war.

Ändert sich im Gelände die Richtung, kann ich gar nicht anders – bevor ich noch darüber nachdenke, sitze ich schon einen Trabtritt aus und trabe auf der anderen Hand weiter. Und seit ich auf einem Wanderritt einmal hundemüde und total durchnäßt noch ein paar Kilometer zu überstehen hatte, bin ich meinem ehemaligen Reitlehrer für seinen „Drill" dankbar: Er funktioniert auch dann noch, wenn ich schon groggy bin.

Bitte denken Sie daran: Was immer Sie nun in Ihrer Grundausbildung lernen – es kommt den Pferden, mit denen Sie in Ihrem weiteren Reiterleben zu tun haben, zugute.

# AN DIE HILFEN STELLEN

Diese ganzen schönen Übungen haben, das wissen Sie nun, gymnastizierenden Effekt. Dazu gehört aber auch, daß das Pferd schwungvoll, fleißig, geradegerichtet, taktklar und mehr oder minder versammelt geht. Es muß an den Hilfen stehen, damit die Lektionen auch richtig geritten werden können.

**Wenn Pferde auseinanderfallen**

Wie das aussieht, wenn es „richtig" ist, erkennen Sie am besten am Kontrastprogramm: Schlecht gerittene, nicht an den Hilfen stehende Pferde latschen gelangweilt oder strampeln unkoordiniert durch die Gegend, Hals und Rücken steif oder gar in Abwehr durchgedrückt, die Nase oben oder weit vorgestreckt. Sie sind mangels ausgleichender Gymnastizierung in sich schief, Vor- und Hinterhand fußen nicht auf gleicher Linie. Sie wenden mit der Leichtigkeit und Eleganz eines Schwerlasters beim Einparkmanöver. Sie treten nicht richtig unter den Schwerpunkt und legen sich aufs Gebiß – und auf solchen Pferden zu reiten ist Knochenarbeit, sie lassen den Reiter nicht sitzen, und Hilfen kommen hier in den seltensten Fällen durch. Sie *fallen* – wie es so schön heißt – *auseinander*.

Nun wäre das ja noch erträglich, wenn nur der Reiter die Mühe hätte. Problematisch ist das Ganze, weil es den Pferden schadet. Sie verkrampfen sich, bilden die falsche Muskulatur aus, belasten ihre Vorhand, und bald stellen sich Verschleißerscheinungen ein. Die Schmerzen machen sie dann noch unwilliger, noch verkrampfter – ein Teufelskreis.

***Oben:* So sieht es aus, wenn ein Pferd an den Hilfen steht**
***Unten:* Kopf hoch, Hals und Rücken weggedrückt, vorne strampeln, hinten latschen – die beiden haben noch einen weiten Weg vor sich**

So sollte es nicht aussehen: Das obere Pferd hat sich hinter dem Zügel aufgerollt und legt sich aufs Gebiß, das untere geht über dem Zügel

**Gut geritten = schwungvolles Pferd**

Gut gerittene Pferde sehen ganz anders aus. Sie treten mit der gut bemuskelten und daher tragfähigen Hinterhand weit unter den Schwerpunkt, sie haben eine runde, konvexe Oberlinie und einen leicht schwingenden Rücken. Sie gehen fleißig und elastisch, tragen die Nase knapp vor der Senkrechten, sind aufmerksam und kauen zufrieden auf dem Gebiß. Solche Pferde können ihren Reiter mühelos tragen, sie nehmen willig die Hilfen an, und sie laufen weit weniger Gefahr, körperliche Schäden davonzutragen, weil sie nicht nur „schön", daherkommen, sondern, anatomisch-gymnastisch betrachtet, in der optimalen Art und Weise gehen.

**So reiten Sie gut**

Und wie bringt man ein Pferd dazu, sich so und nicht anders zu bewegen?

In der klassischen Reiterei setzt man Kreuz und die treibenden Schenkel ein, um vorwärts zu reiten und dabei auch die Hinterhand zu aktivieren. Der Schub, der sich *hinten* entwickelt, wird nun aber nicht einfach *nach vorne* verpulvert, sondern im wahrsten Sinne des Wortes *gezügelt*: Der Reiter hält dem losmarschierenden Pferd das Gebiß hin. Er schiebt es sozusagen wie eine Ziehharmonika von hinten nach vorn an das Gebiß heran.

Nun hat das Pferd mehrere Möglichkeiten: Sich aufs Gebiß drauflegen (*auf dem Zügel*), was einen starken Druck im Maul verursacht. Den Kopf hochreißen (*über dem Zügel*), was den Rücken hohl und das Reitergewicht unangenehm macht. Sich mit dem Kinn an der Brust einzurollen (*hinter dem Zügel*), was die Halsmuskulatur verkrampft. Bleibt, mit dem Genick abzuknicken, mit dem

Maul weich nachzugeben und das Gebiß anzunehmen *(am Zügel)* – was der Reiter sofort mit weichem Nachgeben der Hand belohnt. Jetzt bekommt das Pferd Haltung, die Rückenmuskulatur wird locker, es versammelt sich, es läßt sitzen, es steht an den Hilfen, und jetzt kann es auch „richtig" geritten werden. Aber dazu braucht's halt auch einen Reiter, der das korrekt beherrscht.

**Reiten lernt man nur durch Reiten**

Nur Mut – auch andere haben das alles schon gelernt. Auch wenn es sich ziemlich kompliziert anhört, schließlich wird von Ihnen das Kunststück erwartet, Ihrem Pferd die Unterschiede zwischen hart und weich, störrisch und nachgiebig, verkrampft und elastisch in jedem Moment nicht nur anzusehen, sondern auch noch durch diesen dicken Sattel hindurch zu erfühlen. Ja – Sie werden viele Monate brauchen, bis Sie registrieren, ob Ihr Pferd unter Ihnen *irgendwie* läuft – oder sich schwungvoll und ausbalanciert trägt. Wie sich das anfühlt, läßt sich nur schwer beschreiben, schließlich gibt es auch viele „Zwischenstadien", aber wenn Sie zum ersten Mal merken, daß Sie im Sattel nicht mehr mühevoll balancieren müssen, sondern plötzlich vom Pferd weich in die Bewegung mit hineingenommen werden, wenn das Pferd sich nicht mehr gegen Ihre Einwirkungen sperrt, sondern *losläßt*, weil Sie alles richtig gemacht haben – das ist dann das unverwechselbare Feeling von „Harmonie pur"

Und dahin kommen Sie nicht mit Theorie pauken, das geht nur durch Übung – denn, um das alte Reiterwort nochmal zu strapazieren, Reiten lernt man nur durch Reiten …

**Oben: Auch hier ist die Nase zu weit hinter der Senkrechten**

**Unten: So stimmt es im Schritt**

# DAS GANZE AUF AMERIKANISCH: WIE MAN WESTERN REITET

Jetzt hören wir Sie schon ein bißchen stöhnen ... Ist ja doch ganz schön anstrengend, diese klassische Reiterei! Ob man das nicht auch einfacher haben kann? Und vielleicht haben Sie sich auch schon beiläufig bei den Kollegen von der Western-Fraktion umgesehen und festgestellt, daß das bei denen doch viel leichter und lässiger aussieht. Nun – auch bei den „Cowboys" haben die Götter vor den Preis den Schweiß gesetzt, und bis Sie im Westernsattel so „easy" daherkommen, dürfen Sie auch erstmal eine gründliche Ausbildung absolvieren, die bisweilen etwas „heavy" sein kann. Auf dem Westernpferd müssen Sie zwar weniger „arbeiten", dafür aber um so geschickter und reaktionsschneller sein. Das macht Sie erst recht neugierig? Na, dann wollen wir Sie hier in die Grundlagen des Westernreitens einweihen..

# WESTERNREITEN IST ARBEITSREITEN

Auch wenn wir Ihnen nicht in einem Kapitel eine ganze Westernreitlehre präsentieren können – die wesentlichen Unterschiede zur klassischen Reitweise sollen Sie schon erfahren. So können Sie sich selbst ein Bild machen, ob Sie's einmal „western way" versuchen sollten.

## Des Reiters Outfit

Bevor Sie in einem Westernstall aufkreuzen – lassen Sie Ihre Jodhpurs und Reitstiefel daheim. Auch unter „Cowboys" gibt es eine Kleiderordnung, die nicht nur was mit Mode oder Image zu tun hat, sondern vor allem zum Reitstil paßt. Einfach und praktisch lautet die Devise, stürzen Sie sich also am besten in Ihre bequemste Jeans (möglichst keine Karotte, sondern slim cut, da können Ihnen nicht die Hosenbeine hochrutschen), über die Sie eventuell noch lange Chaps ziehen können. Wenn Sie nun noch ein Paar schmalgeschnittene Cowboystiefel im Schrank haben, sind Sie schon gut gerüstet, ansonsten tun's anfangs natürlich auch andere stabile Stiefeletten.

Über den Kopfschutz kann man diskutieren. Auf dem Westernpferd trägt man normalerweise Hut (mittlerweile gibt es den auch mit speziellen stabilisierenden Inlets, die die Sicherheit erhöhen sollen). Es spricht aber – so Sie das nicht als unverzeihlichen Stilbruch empfinden – auch nichts gegen einen Reithelm, zumindest solange Sie noch nicht in Balance sitzen. Etwaiges hämisches Gekicher von den billigen Rängen sollten Sie dann aber auch konsequent ignorieren – schließlich geht es nun mal um Ihre Sicherheit.

***Der Traum vom Westernreiten – zum Beispiel ein Urlaub auf einer spanischen Hazienda***

## Partner „Westernpferd"

Das Pferd, auf das Sie sich nun setzen werden, unterscheidet sich deutlich von den gewohnten Warmblütern – nicht nur anatomisch, sondern auch im Bewegungsablauf, im Umgang und in der Ausrüstung. Denn im Gegensatz zum Dressurreiten, das in seiner höchsten Form eine „Reitkunst" darstellt, ist Westernreiten reines Arbeitsreiten.

Die Cowboys, die den ganzen Tag im Sattel saßen, um Rinder zu hüten, mußten sich auf ihren Job, nicht auf ihr Pferd, seine Gänge oder die Eleganz seiner Bewegungen konzentrieren. Sie wollten nicht *repräsentativ und schön*, sondern *bequem und effizient* reiten, und auch über selbst noch so lange Strecken möglichst ermüdungsfrei über die Runden kommen.

### Mitdenken ausdrücklich erwünscht

Vom Pferd verlangte diese Aufgabe mehr oder minder selbständiges Gehen bei gleichzeitigem, sofortigem Gehorsam auf minimale, impulsartige Hilfen. Voraussetzung dafür waren eine kompakte Anatomie, gute Selbsthaltung und Kondition, hervorragende Erziehung und „Mitdenken" des Pferdes, und auch wenn es nur noch wenige echte Cowboys gibt, werden Westernpferde nach wie vor nach den gleichen Kriterien trainiert, denn die Vorteile liegen auch für den „Gebrauchsreiter" auf der Hand.

Sei es für die Rancharbeit, den sportlichen Wettbewerb oder gemütliche Spazierritte ins Gelände – ein gut ausgebildetes Westernpferd ist universell einsetzbar, unkompliziert und relativ einfach und sicher zu „handhaben", was gerade den Freizeitreitern sehr entgegenkommt. Kein Wunder also, daß das Westernreiten auch bei uns mittlerweile boomt.

*Jean Claude Dysli reitet sein Pferd im ruhigen Canter, dem Lope*

## Quadratisch, praktisch, gut

Schon beim Aufsitzen werden Sie jetzt – vor allem, wenn Sie, wie die Autorin Wolf, zu den sogenannten „halben Portionen" gehören – eine angenehme Entdeckung machen. Das eindrucksvolle Gardemaß der Warmblüter erreicht Ihr Westernpferd nämlich nicht mal annähernd. 1,60 Meter Stockmaß sind in den Reihen der Quarter Horses, Paints und Appaloosas schon als durchaus groß anzusehen, viele Westernpferde bleiben deutlich darunter. So sind sie nicht nur im Umgang „handlicher" und „übersichtlicher". Der kleine Quadrattyp eignet sich generell anatomisch wesentlich besser fürs Westernreiten als der langrückige, schwungvoll gehende Warmblüter. Weshalb man übrigens hierzulande auch viele Haflinger, Araber, Norweger, Welsh Cobs, Connemaras und andere, kompakt gebaute Rassen unterm Westernsattel sehen kann.

*Ein gut ausgebildetes Westernpferd läßt sich, wie dieses Paint Horse, auch im Gelände problemlos „parken"*

## Zäumung und Sattel

Ihr Pferd ist – je nach seinem und dem Ausbildungsstand des Reiters – auf *Bosal*, *Trense* oder *Stange* gezäumt. In Ihrem Fall wird's die Trense sein, die etwas dünner und mit größeren Ringen als die herkömmliche konstruiert ist, und die Zügel sind geteilt und liegen über Kreuz auf dem Pferdehals. Sie werden nun, nachdem Sie den Gurt kontrolliert haben, in einem ziemlich voluminösen Trachtensattel Platz nehmen, mehr oder weniger verziert, mit oder ohne Wildledersitz, California oder Texan Style, mit Horn oder Bügel. Es gibt verschiedene Bauarten für den generellen Einsatz und dazu noch eine ganze Reihe spezieller Typen, beispielsweise fürs *Cutting* oder *Barrel Racing*. Wir wollen uns hier aber nicht mit den feinen Unterschieden und Stilarten beschäftigen, denn für Sie als Einsteiger sind ja erstmal die – generell geltenden – Grundlagen wichtig.

### Die Sache mit dem Knoten

Wie man die Bügel verstellt und nachgurtet, zeigen wir Ihnen auf den folgenden Fotos. Wird der Sattel nach alter Art mit einem Krawattenknoten geschlossen, wird's allerdings etwas komplizierter, aber auch diese Methode wollen wir Ihnen nicht vorenthalten. Dazu die Bildreihe rechts unten.

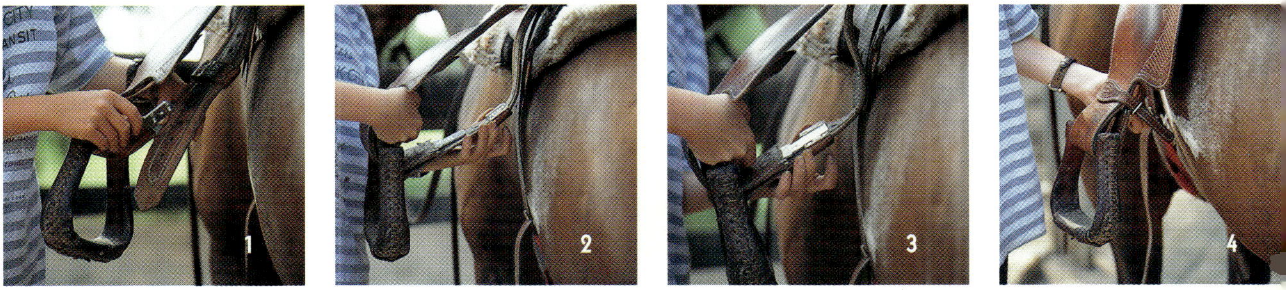


*Bügelverstellen – ganz einfach*

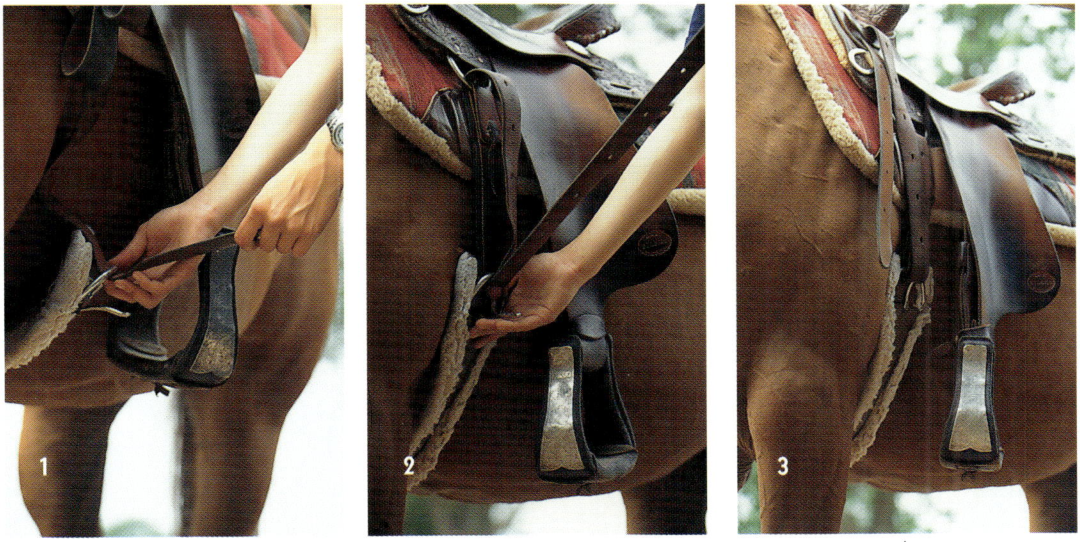


*Moderne Sattelgurte haben einen Schnallenverschluß und erleichtern so das Nachgurten*

*So wird der Krawattenknoten geschlungen*

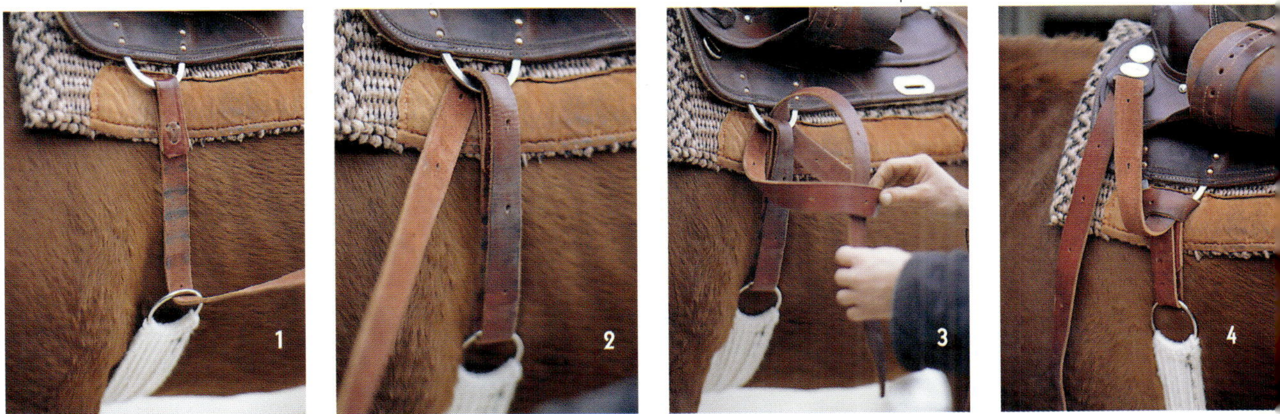

# VOM AUFSITZEN

Beim Aufsitzen werden Sie nun merken, daß es nicht so verschult und „genau" zugeht wie in unserer traditionellen Reiterei mit der unverkennbaren Militärtradition. Beim Westernreiten sollen Sie eben möglichst einfach zum Ziel kommen – einfach für Reiter und Pferd.

## So kennen Sie's bereits

Sie können einmal aufsitzen, wie Sie es vom Englischreiten her kennen. Dabei stehen Sie, wie gewohnt, auf der linken Seite mit dem Rücken zur Richtung des Pferdekopfs, fassen mit den linken Hand einen Zügel (der dabei *unbedingt* locker hängenbleiben muß – *niemals* anstehen lassen!) sowie das Sattelhorn und stecken den linken Fuß von außen in den Steigbügel. Dann halten Sie sich mit der rechten Hand am *Cantle* (Hinterzwiesel) gut fest und schwingen sich dann leicht, während die recht Hand zur *Fork* (Vorderzwiesel) umgreift, in den Sattel.

***Einfach und effizient soll's beim Westernreiten zugehen – auch beim Aufsitzen***

## The easy way up

Einfacher (und auch öfter zu sehen), geht es aber folgendermaßen: Sie stellen sich etwa in Höhe des Cantle mit dem Gesicht in Kopfrichtung des Pferdes auf. Dann fassen Sie wiederum mit der linken Hand einen Zügel (*durchhängen* lassen!) und das Sattelhorn, stecken den linken Fuß von außen in den Bügel, greifen mit der rechten Hand ans Cantle und schwingen sich in die Höhe. Dann weich einsitzen und dabei Umgreifen wie gewohnt.

Wieso der Zügel dabei immer und auf jeden Fall durchhängen muß? Schließlich soll das Pferd doch nicht losmarschieren, während Sie aufsitzen! Nun – Sie haben es mit einem Westernpferd zu tun. Das hat als eine der ersten Lektionen gelernt, sich nicht von der Stelle zu rühren, bevor der Reiter das entsprechende Kommando gibt. Deshalb können Sie den Zügel beim Aufsitzen auch ganz außer acht lassen. Würden Sie ihn dagegen aufnehmen, wie Sie es aus der traditionellen Reitschule kennen, hätte das den gegenteiligen Effekt: Das Pferd würde dem Druck weichen und sich im Zweifelsfall seitlich-rückwärts davonringeln.

# HÄNDE WEG, SCHENKEL WEG

Nun haben Sie schon gleich einen der wichtigsten Unterschiede zum Dressurreiten kennengelernt, bevor Sie überhaupt angeritten sind – die Zügelarbeit. Und am besten hämmern Sie sich das gleich als ehernen Grundsatz ins Hirn: *Zügel loslassen!*

**Lenken per Impulshilfen**

Sie werden Ihr Pferd nämlich mit reinen Impulshilfen lenken. Schenkel, Kreuz und Zügel setzen Sie nur ein, wenn Sie Tempo oder Richtung ändern. Das Pferd soll in der Westernreiterei auf bereits minimale Zeichen gehorsam reagieren und wird mit sofortiger Einstellung der Hilfen, respektive des Drucks, für seinen Gehorsam belohnt.

Und während das Dressurpferd mit leichter *Anlehnung* an die Reiterhand mehr oder minder versammelt gehen soll, marschiert Ihr Westernpferd ausschließlich am losen, leicht durchhängenden Zügel in lockerer *Selbsthaltung*. Die einzige „stand by"-Leitung, die Sie in dieser Reitweise zu Ihrem Pferd haben, ist Ihr leicht in der Bewegung mitschwingendes Gesäß.

Das erscheint Ihnen nun doch etwas wacklig? Keine Sorge, schon bei den ersten Schritten wird Ihnen klar werden, wieso der Westernsattel als das Sofa unter den Sätteln gilt – Sie haben selten so bequem und stabil auf dem Pferd gesessen. Die Sitzfläche placiert Sie akkurat, Cantle und Fork geben Ihnen vorn und hinten Halt, die breiten Fender stützen Ihre Beine, die lederbezogenen Bügel Ihre Füße. Auch bei höherem Tempo werden Sie sich bald wie in Abrahams Schoß fühlen.

***Locker in allen Gangarten***

## Herumlümmeln verboten

Lassen Sie sich davon allerdings nicht zum Herumlümmeln verführen (und wir geben es ja zu – es ist manchmal verführerisch …), krummer Buckel, schiefe Hüfte, abgespreizte Beine und Ellbogen – das ist höchstens in drittklassigen Westernfilmen „cool", mal abgesehen davon, daß ein fein gerittenes Pferd auf solche Nachlässigkeiten höchst irritiert reagieren würde.

**Der Westernsitz**

Auf dem Westernpferd sitzen Sie aufrecht, gerade und locker über dem Schwerpunkt, Ihr Gewicht ist gleichmäßig auf die Gesäßknochen verteilt, die Beine hängen elastisch seitlich herab, ohne Kontakt zum Pferd, die Fußspitzen zeigen nach vorn, respektive leicht nach innen, die Absätze sind tief.

Wesentlich ist, daß Sie wirklich gerade und in Balance sitzen, von der Tendenz eher leicht auf den Oberschenkeln – und ohne permanent angespanntes Kreuz. Denken Sie daran: Sie treiben Ihr Pferd hier nicht aktiv wie beim Dressurreiten Schritt für Schritt von hinten ans Gebiß heran, sondern schwingen nur passiv in der Bewegung mit. Den Rest, sprich die richtige Haltung, das richtige Tempo, den richtigen Bewegungsablauf muß Ihr Pferd *allein* bringen.

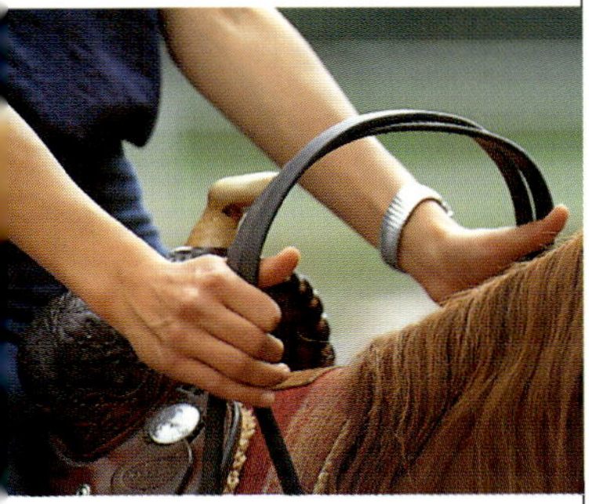

*So halten Sie die Zügel in Form der Brück*

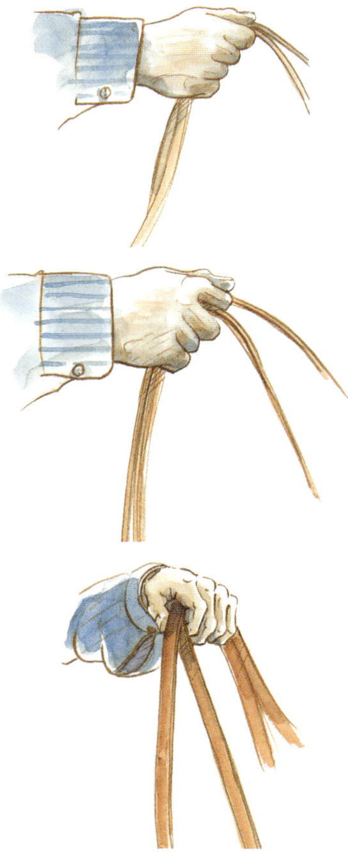

*Einhändige Zügelführungen. Oben: ohne Zeigefinger zwischen den Zügeln, Mitte: mit Zeigefinger zwischen den Zügeln, unten: „Zügelbrücke" zur Umstellung auf einhändige Zügelführung*

## Zügelhaltung

Bei der Zügelhaltung gibt es verschiedene Möglichkeiten. Die einhändige Zügelführung ist was für fertig ausgebildete Pferde und fortgeschrittene Reiter, die schon mit einem Stangengebiß umgehen können und das *Neck Reining* (dabei weicht das Pferd dem Druck des äußeren Zügels) beherrschen, wir zeigen sie Ihnen aber schon mal im Bild.

### Die Zügelbrücke

Sie werden die Zügel am Anfang beidhändig führen (wie man es auch bei jungen Pferden in der Ausbildung tut) und zwar in der Form der *Brücke.*

Die Zügel liegen ja schon über Kreuz vor Ihnen auf dem Pferdehals – nehmen Sie sie auf, indem Sie von oben die doppelten Riemen mit ganzen Händen ergreifen (nein – hier müssen Sie sie nicht unbedingt zwischen Mittel- und kleinem Finger führen!) und sie, wie auf den Bildern zu sehen, mit locker aufgestellten Händen (die Englisch-Reiter würden von leicht „verdeckten" Zügelfäusten reden) ein Stück über dem Sattelhorn tragen. Die Ellbogen liegen leicht am Oberkörper an. Die Zügel müssen auf jeden Fall gleich lang sein und so weit durchhängen, daß kein permanenter Kontakt zum Pferdemaul besteht.

Zu kurze Zügel korrigieren Sie, indem Sie die Hände etwas auseinanderbewegen und dabei die Zügel auseinanderziehen. Zu lange Zügel verkürzen Sie, indem Sie ganz einfach die Hände etwas öffnen, so daß die schweren Zügelenden ein Stück nach unten rutschen können.

Nun verstehen Sie auch, warum Westernzügel ziemlich massiv sind – das Eigengewicht macht sie einmal handlicher für den Reiter, und außerdem wird das Pferd auch ohne Anlehnung an die Hand zu einer korrekten Kopfhaltung (*Head Set*) veranlaßt.

*Zum Zügelverkürzen werden die Hände nur leicht geöffnet*

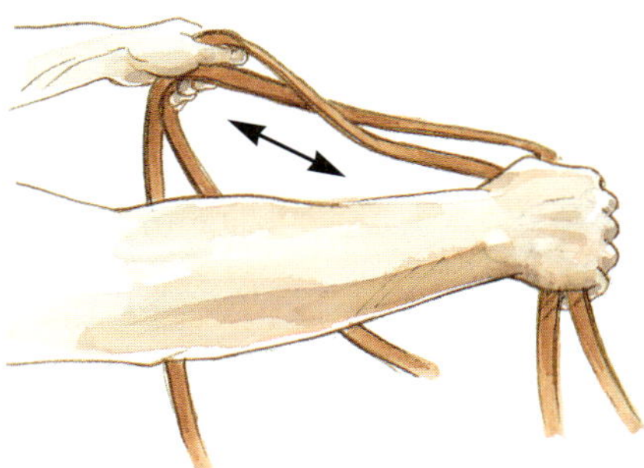

*Auseinanderziehen der Zügelbrücke zum Zügelverlängern*

Bequem zu sitzen: der Jog

# IN DIE GÄNGE KOMMEN

Haben Sie sich im Westernsattel mittlerweile häuslich eingerichtet? Dann wird es langsam Zeit, daß wir Ihnen erklären, wie Sie „in die Gänge" kommen.

## Auf „Walk" geht's los

Die Hilfen unterscheiden sich nicht wesentlich vom Englischreiten, nur wird eben in keinem Fall Dauerdruck aufgebaut. Sie verlagern Ihr Gewicht leicht nach vorn, gleichzeitig gibt die Hand nach (ja – selbst bei durchhängendem Zügel spürt das Pferd diese Hilfe), und die Schenkel geben einen kurzen Impuls am Gurt – und dann vergessen Sie noch schnell, daß Sie in der Dressurhalle einst das vornehme Schweigen gelernt haben und geben Ihrem Pferd im gleichen Atemzug das Stimmkommando „*Walk*".

**Bei Gehorsam: Hände weg, Beine weg!**
Sollte das Pferd nicht reagieren, wiederholen Sie die Hilfe ebenfalls impulsartig. Selbst wenn Sie es mit einem besonders sturen Vertreter seiner Art zu tun haben, klopfen Sie nur kurz und nachdrücklich mit den Schenkeln an oder verpassen ihm einen kurzen Klaps mit dem Zügelende, da Dauerdruck das Pferd nur abstumpfen würde. Setzt es sich in Bewegung, gilt: Hände weg, Beine weg, Kreuz locker – schwingen Sie einfach ruhig, entspannt und passiv in der Bewegung mit. Geht das Pferd zu langsam, geben Sie wieder einen aufmunternden Schenkelimpuls. Ist es gehorsam, lassen Sie es in Ruhe. Das Pferd wird nun so weitergehen, bis Sie ein neues Kommando geben.

## Der Trick mit dem äußeren Zügel

Ein neues Kommando wird wahrscheinlich ein Richtungswechsel sein. Bei einem fein gerittenen Pferd genügt dafür bereits eine leichte *Gewichtshilfe* – weshalb Sie auch immer darauf achten müssen, gerade und gleichmäßig zu sitzen, solange es geradeaus geht.

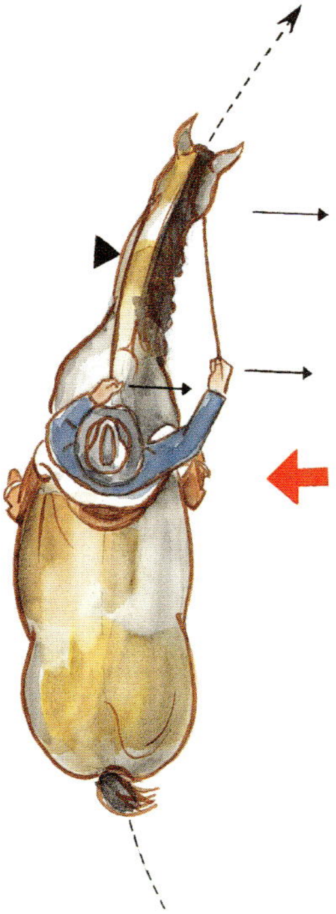

### Abwenden: die Hilfen

Sind Sie nun aus der Mitte der Bahn heraus angeritten und wollen auf die rechte Hand, setzen Sie sich kurz vor dem Hufschlag nach rechts, und geben Sie, wenn nötig, zusätzlich mit dem äußeren (linken) Schenkel einen kurzen Impuls am Gurt. Im Gegensatz zum Dressurreiten verkürzen Sie aber nun nicht den inneren (rechten) Zügel, um das Pferd in die Wendung zu „führen“, sondern nehmen ihn nur kurz an, um den Pferdekopf in die richtige Richtung zu stellen und lassen dann gleich wieder los (*pull and slack*). Gleichzeitig bewegen Sie die äußere (linke) Hand so weit nach innen, daß der äußere (linke) Zügel die äußere (linke) Halsseite des Pferdes berührt und das Pferd nach innen schiebt. Auch dabei muß der Zügel lose sein, es darf kein anhaltender Druck im Maul entstehen.

Beim Abwenden folgt das Pferd also dem Gewicht und weicht dem Druck von äußerem Zügel und Schenkel nach innen aus.

Sobald Sie auf dem Hufschlag angekommen sind, setzen Sie sich wieder gerade hin und lassen das Pferd in Ruhe gehen.

### Wenn's eng wird

Wenn Sie zum Zirkel abwenden, verfahren Sie genauso. Möchten Sie Ihr Pferd auf dem Zirkel halten, genügt dann der angelegte äußere Zügel und das nach innen verlagerte Gewicht.

Bei engen Wendungen oder wenn Sie Ihr Pferd beispielsweise beim Schenkelweichen stärker biegen müssen, treibt der äußere Schenkel impulsartig etwas hinter dem und der innere am Gurt, bis das Pferd die richtige Stellung eingenommen hat.

***Oben links und rechts im Foto:* Rechtswendung mit beidhändiger Zügelführung**

***Rechts unten:* Wendung mit einhändiger Zügelführung**

## Leichttraben – ganz easy

Nun können Sie antraben, und dazu geben Sie die gleichen Impulshilfen wie beim Anreiten, nur etwas stärker. Das zugehörige Stimmkommando heißt „*Jog*", Sobald das Pferd gehorcht, stellen Sie die Hilfengebung sofort wieder ein. Wenn das Pferd anfangs noch etwas flott trabt, können Sie leichttraben, wobei Sie im Westernsattel – mangels Kniepauschen – etwas besser balancieren müssen als im englischen Sattel.

Nach einigen Runden verlangsamen Sie, indem Sie das Kreuz anspannen (gegensitzen), mit Schenkelimpulsen die Hinterhand zum vermehrten Untersetzen aktivieren und mit verhaltenden Zügelimpulsen das Tempo herausnehmen. Das Pferd geht nun im *Jog*, dem langsamen, gleichmäßigen, fast schlurfend anmutenden Trab, dessen Schwebephase auf ein Minimum reduziert ist und der sich deshalb sehr bequem aussitzen läßt.

## Der geruhsame Lope

Wie Sie Ihr Pferd angaloppieren, ist Trainingssache. In Deutschland stammen viele Westernreiter aus der klassischen Reiterei und haben daher sehr häufig die klassischen Hilfen einfach übernommen. Viele Westernpferde haben deshalb gelernt, auf die gleichen, natürlich auch wieder impulsartig ausgeführten Hilfen wie in der Dressur anzuspringen.

Das heißt, Sie geben dem Pferd Innenstellung, verlagern Ihr Gewicht auf den inneren Gesäßknochen, treiben mit dem inneren Schenkel am und mit dem äußeren Schenkel eine Handbreit hinter dem Gurt. Das Stimmkommando heißt „*Lope*". Springt es korrekt an, setzen Sie sich wieder gerade hin und lassen Ihr Pferd ungestört im ruhigen *Kanter* galoppieren.

US-Trainer wenden oft eine andere Methode an, sie reiten in Außenstellung, verlagern das Gewicht leicht nach vorn sowie gleichzeitig nach außen, treiben mit dem äußeren Schenkel und geben mit dem inneren Zügel nach, damit das Pferd mit der inneren Schulter besser ausgreifen kann.

Der Lope soll grundsätzlich verhalten und mit wenig Raumgriff geritten werden, dabei aber taktrein und rhythmisch verlaufen.

***Westernpferde gehen quasi mit „gebremsten Schaum": der Jog (oben) ist ein verhaltender Trab, der Lope (unten) ein ruhiger Kanter***

## „Whoa“ heißt Halt

Aber natürlich wollen wir Ihnen hier auch noch verraten, wie Sie Ihr Pferd wieder durchparieren, auch wenn Sie dabei wesentlich weniger Staub aufwirbeln müssen. Im Westernreiten gibt es keine *ganze* oder *halbe Parade*, sondern mehr oder minder *einheitliche, verhaltende Hilfen*, die Sie unterschiedlich dosieren, je nachdem, ob Sie von einer Gangart in die nächst tiefere „runterschalten“ oder direkt zum Halten kommen wollen.

### Wie immer, mit Stimme

Hier ist das Stimmkommando besonders hilfreich, denn das junge Westernpferd lernt bereits an der Hand, auf „*Whoa*“ (oder schlicht und einfach „*Ho*“) zur Salzsäule zu erstarren.

Im Sattel brauchen Sie dann nur noch gegenzusitzen und das „Zauberwort“ auszusprechen – und Ihr gut ausgebildetes Pferd steht bombenfest aus jeder Gangart, selbst wenn Sie überhaupt keinen Zügel in der Hand haben.

***Westernpionier Jean Claude Dysli beim Sliding Stop***

### „Speed Control“

Tempoverstärkungen mit Rahmenerweiterung wie in der Dressur sind im Westernreiten eher nicht gefragt, schließlich sollen die Gänge bequem für den Reiter und ökonomisch fürs Pferd sein. Im Rahmen der „Speed Control“ werden Sie später lernen, ganz exakt Tempo zuzulegen oder „runterzufahren“. So richtig „gefetzt“ wird im Galopp aber nur, wenn das Pferd anschließend einen spektakulären *Sliding Stop* hinlegen soll. Der gehört aber ins Lehrbuch für die weit, weit Fortgeschrittenen – Zweibeiner wie Vierbeiner sind hiermit gleichermaßen gemeint – und deshalb beschränken wir uns hier auch darauf, Ihnen das spektakuläre Manöver im Foto zu zeigen.

### Hinterhand aktivieren

Aber fangen wir erstmal am Anfang an. Wenn Sie vom Schritt zum Halten parieren wollen, verlagern Sie Ihr Gewicht etwas nach hinten (Kreuz anspannen, gegensitzen). Gleichzeitig geben Sie einen Impuls mit den Schenkeln, damit das Pferd die Bewegung mit der Hinterhand abfängt und nicht mit der Vorhand in den *Stop* hineinlatscht, und heben Sie zusätzlich die Hände leicht nach rückwärts an – dazu sagen Sie „Whoa!“ Wird das Pferd daraufhin zwar langsamer, schleicht aber weiter, wiederholen Sie die Hilfe energischer und geben dabei einseitige oder beidseitige kurze Zügelimpulse.

Klappt es mit dem Anhalten aus dem Schritt, versuchen Sie es aus dem Trab.

**Wechseln in eine tiefere Gangart**

Auch wenn Sie in eine tiefere Gangart wechseln wollen, geben Sie die gleichen Hilfen, wie stark sie ausfallen müssen, ist Gefühlssache und von Pferd zu Pferd verschieden. Da hilft nur: ausprobieren. Allerdings sollten Sie das energische Stimmkommando immer nur zum Stoppen verwenden, denn Ihr Pferd ist darauf konditioniert und würde sich vermutlich ziemlich wundern, wenn Sie im Galopp ganz plötzlich „Whoa!" schreien, aber weitertraben wollen. Sagen Sie in diesem Fall „Jog", oder, wenn Ihr Pferd Schritt gehen soll, „Walk".

Übrigens: Es gibt durchaus auch Westernpferde die deutsch verstehen – die hören auf „Scheeeritt" oder „Terrrrab".

## Im Rückwärtsgang

Das Rückwärtsrichten erfolgt aus dem gleichmäßigen Halten. Sie verlagern das Gewicht nach hinten, treiben mit beiden Schenkeln hinter dem Gurt und geben verhaltende Zügelimpulse. Nach einigen Tritten rückwärts bleiben Sie aber nicht stehen, wie das im Dressurreiten üblich ist, sondern reiten gleich wieder vorwärts. Später werden Sie Ihr Pferd auch in schnellem Tempo und seitlich rückwärts richten.

## Absitzen

So – und nachdem Sie das jetzt alles schon so gut können, dürfen Sie noch ein wenig von fliegenden Wechseln und so draufgängerischen Manövern wie *Spin* und *Roll back* träumen, die Sie allerdings erst lernen werden, wenn Sie diesem Lehrbuch längst entwachsen sind – und dann heißt's absitzen: Sie kommen zum gleichmäßigen Halten und nehmen die *durchhängenden* Zügel in die linke Hand. Die rechte Hand greift das Sattelhorn, und Sie schwingen sich mit dem rechten Bein rückwärts aus dem Sattel. Ganz perfekt ist's übrigens, wenn Sie den linken Fuß erst dann aus dem Bügel nehmen, wenn der rechte auf dem Boden aufgesetzt hat.

*Dysli und sein Quarter Horse Hengst beim Rückwärtsrichten*

# REIF FÜR DAS GELÄNDE?

Wir geben es zu: Wir haben mit dieser Überschrift ein wenig gemogelt. Sie und wir wissen, daß vor Ihrem Start ins Gelände noch einiges kommt – aber wir versprechen: Am Ende dieses Kapitels sind Sie – zumindest in der Theorie – geländereif, und insofern ist es dann doch die richtige Überschrift.

Davor allerdings werden wir uns noch darüber unterhalten, wie Sie Ihre „Reitreife“ selbst austesten können. Außerdem erfahren Sie etwas über das Springen, schließlich sollten Sie in der Lage sein, auch einen Baumstamm oder Graben zu „bewältigen“. Und dann dürfen Sie raus aus der Bahn, und wir verraten Ihnen, was Sie „draußen“erwartet, und wie Sie es zu managen haben.

# DIE REIFEPRÜFUNG

Eigentlich finden Sie sich schon ganz gut. Sie haben die schwierige erste Zeit an der Longe überstanden, Ihre Sitzfläche und die Muskeln in Ihren Oberschenkeln haben sich an den Sattel gewöhnt, Sie fallen in der Abteilung nicht mehr dadurch auf, daß Sie schon erbleichen, wenn der Reitlehrer einen Trab kommandiert, Sie haben die Bahnkommandos einigermaßen drauf und fühlen sich zunehmend wohl auf dem Pferd. Sie schielen bereits nach denen, die da des Abends fröhlich ins Weite ziehen und denken: „Ich möcht' ja so gerne mit …"

*In der Ruhe liegt die Kraft: Lassen Sie sich Zeit, wenn Sie mit Pferden zu tun haben*

Dürfen wir Ihnen jetzt einen kleinen Dämpfer verpassen? Dann gehen Sie bitte zu Ihrem Reitlehrer und bitten ihn, daß er Ihnen vielleicht zum nächsten Sonntagmorgen für ein einsames Stündchen in der Halle ohne seine Anweisung und ohne die Abteilung Ihr gewohntes Schulpferd überläßt. Ihr erstes Solo – zum erstenmal dürfen Sie tun und lassen, was Sie wollen, und zum erstenmal hat Ihr Pferd weder die Stimme seines Herrn im Ohr, noch die vertrauten Pferdehintern vor sich.

## Probieren Sie's ganz alleine

Nun dürfen Sie austesten, was bereits geht. Versuchen Sie, die Lektionen, die Sie in der Abteilung schon beherrschen, alleine zu reiten. Verschiedene Wechsel, Antraben, Durchparieren, Angaloppieren, vielleicht mal ein kleines Schenkelweichen – tja … grämen Sie sich nicht, glauben Sie uns: Wir haben geahnt, daß es schwierig werden würde. Pferde sind Herdentiere, und in der Abteilung beziehungsweise unter dem Kommando des Reitlehrers ist es leichter. Sie merken jetzt, daß Ihre Hilfen eben noch nicht perfekt sitzen und daß vieles in der Stunde deswegen geklappt hat, weil das Pferd schlau genug war, zu erraten, was der Reitlehrer wollte.

### Nicht entmutigen lassen

Also: Wenn der erste Versuch fehlgeschlagen sein sollte, genehmigen Sie sich ein paar Einzelstunden – und unternehmen dann einen zweiten Versuch. Wahrscheinlich haben Sie mittlerweile gelernt, was Ihren ersten Versuch scheitern ließ: Vermutlich saßen Sie auf einem eher ruhigen, hinnahmefähigen Vertreter, denn Ihr Reitlehrer wird Ihnen in diesem Sta-

## AUS DEM TAGEBUCH

### SLB und der Büffel: Die Frust-Nummer

Ich weiß nicht, wie lange ich schon geritten bin – wenn ich mich richtig erinnere, war es schon ein sattes Jahr auf den hervorragend ausgebildeten Schulpferden des Betriebes, in dem ich gelernt habe. Ich fand mich gut. Mein Reitlehrer fand mich – nun ja, zumindest nicht mehr ganz schlecht. Daher war ich mutig genug, auf die Frage einer Bekannten, ob ich einen kleinen „Urlaub" bei ihr mit ihrem Pferd machen wolle, wohlgemut mit „Prima, klar!" zu antworten.

Ich fuhr zu ihr und freundete mich mit ihrem Wallach, zärtlich „Büffel" genannt, schon bei der ersten Begegnung an. Am nächsten Morgen kam die Stunde der Wahrheit. Mutig und frohgelaunt schritt ich ans Werk, putzte und sattelte den „Büffel" und führte ihn in die leere Reithalle. Er ließ mich willig und brav in den Sattel krabbeln, und ich hatte auch kein Problem damit, im Schritt den Hufschlag zu erreichen. Doch damit hatte es sich dann auch schon. Alle meine Versuche anzutraben, waren vergeblich. Mein ganzes Gezappel bewirkte nicht mehr, als daß Büffel-Liebchen mit einem Ohr wackelte. In Trab gesetzt hat er sich aber nicht, bis ich zufällig an der Bande eine Gerte erwischte und ihm einen Klaps auf seinen wohlgerundeten Hintern gab. Das Dumme war nur: Es ist mir erst zehn Minuten später gelungen, ihn aus dem bandscheibenvernichtenden Schaukeltrab wieder zum Schritt zu parieren.

Bitte fragen Sie mich nicht, wie kleinlaut ich an diesem Tag schließlich mit dem Wallach aus der Halle schlich! Aber eines hatte ich begriffen: Es ist leider ein ganz großer Unterschied, ob Sie unter Aufsicht auf den vertrauten Schulpferden in der Abteilung unterwegs sind oder sich alleine mit einem fremden Pferd zurechtfinden müssen.

Und spätestens dann, wenn Sie das auf eine so frustrierende Art erkannt haben, hilft Ihnen wohl, was auch mir half: Investieren Sie ein paar Mark in Einzelstunden! Suchen Sie Gelegenheiten, „fremde" Pferde außerhalb der Abteilung zu reiten. Auch Reinfälle wie meiner mit dem Büffel helfen weiter, und Sie werden jedesmal etwas lernen, wovon Sie dann beim nächstenmal profitieren.

dium noch kein „Sensibelchen" zum Ausprobieren geben. Und da waren Sie vermutlich nicht energisch und deutlich genug. Sie müssen wissen, was Sie wollen und dem Pferd dann auch klarmachen, daß Sie nicht darüber diskutieren. Hilfen müssen einfach und eindeutig, direkt und unmißverständlich sein. Wenn das klappt, können Sie davon ausgehen, daß das Pferd Ihre Hilfen nicht nur kapiert, sondern auch annimmt.

Soweit gediehen? Wunderbar. Dann können Sie sich ja auch schon an Ihren ersten kleinen Sprung wagen.

*Keine Angst vor kleinen Sprüngen: Im Gelände geht's meist wie von selbst*

# KLEINE SPRÜNGE

Halt, stop – Westernreiter, bitte hiergeblieben! Natürlich hat keiner vor, Sie zu Springreitern umzuerziehen, aber: Man kann auch im Westernsattel über kleine Sprünge kommen, und manchmal muß man es sogar. Auch Ihnen kann's widerfahren, daß da im Gelände ein Graben ist, den man nicht umreiten kann, auch Ihnen kann's passieren, daß ein umgefallener Baumstamm über Ihrem Weg liegt. Ergo sollten auch Sie das Springen wenigstens im Ansatz einmal gelernt haben und keine Angst davor haben.

*Man kommt auch im Westernsattel über eine kleine Hürde*

## Aller Anfang ist niedrig

Beim Springen gilt vermehrt, was grundsätzlich für die Reitausbildung gelten sollte: Man fängt klein an. Ein 50 Zentimeter hohes Bodenrick ist nämlich sowohl vom Pferd wie auch vom Reiter nicht anders anzugehen wie der 1,80 Meter hohe Sprung im S-Parcours. Wer einmal gelernt hat, über einem Sprung im Gleichgewicht zu sein und seinem Pferd weder beim Absprung noch bei der Landung ins Maul zu fallen, der kommt über jedes Hindernis.

### Kappe auf!

Für sämtliche Springadepten (bitte schön auch die Herrschaften im Westernsattel) gilt jetzt: Kappe auf! Abgesehen davon, daß Sie im Sattel grundsätzlich einen Kopfschutz tragen sollten, ist die splittersichere Kappe beim Springen wirklich unter allen Umständen erforderlich.

### Bügel verkürzen

Für die Damen und Herren im Englischsattel kommt als zweite Vorbereitung: Schnallen Sie Ihre Steigbügel zwei bis drei Loch kürzer.

## Der Probelauf im leichten Sitz

Am Anfang werden Sie sich damit noch nicht so recht wohl fühlen – probieren Sie ein paarmal im leichten Sitz und leichttrabender- und galopierenderweise, bis Sie zur Balance gefunden haben.

Der leichte Sitz dient einerseits dazu, den Rücken des Pferdes zu entlasten, gleichzeitig können Sie aber auch besser die Bewegungen abfedern, die beim Springen etwas „voluminöser“ ausfallen. Reitmeister Federico Caprilli entwickelte übrigens um die Jahrhundertwende diesen Sitzstil, der die Reiterei revolutionierte.

Max Habel, Ex-Bundestrainer der Vielseitigkeitsreiter, erklärte zum leichten Sitz: „Für den Reiter ist es dabei wichtig, daß er im Rhythmus der Galoppbewegungen mitzuschwingen versteht, was eine hohe Elastizität in den Fuß-, Knie- und Hüftgelenken voraussetzt. Bei fest anliegendem, elastisch-federndem Knie soll bei tiefer Lage des Unterschenkels der Fuß etwas weiter als beim dressurmäßigen Reiten in den Bügel gestellt sein. Die Forderung nach Geschmeidigkeit sollte ganz besonders in der Schulung des leichten Sitzes im Vordergrund stehen, wobei auf eine ruhige, tiefe, am besten auf das Pferd an den Halsseiten aufgestützte Hand hingewiesen sei."

Alles klar? Na, dann nehmen Sie die Zügel etwas kürzer als sonst, „parken" Sie die Hände am Pferdehals, damit Sie sich nicht am Zügel festhalten, und galoppieren Sie an. Die Knie haften fest an den Sattelpauschen, Sie neigen sich leicht vornüber, das Gesäß hebt sich etwas aus dem Sattel, Sie stehen leicht in den Bügeln, wobei die Unterschenkel ruhig am Pferdeleib bleiben. Und: Absätze tief! Reiten Sie so ein, zwei Bahnrunden und auch mal einen Zirkel, dann parieren Sie zum Trab durch und traben in gleicher Haltung leicht.

## Der erste Sprung

So, nun geht es also auf den ersten kleinen Sprung zu, am besten an der langen Bahnseite und selbstverständlich auf einem ruhigen, erfahrenen Pferd. Dann können Sie nämlich davon ausgehen, daß es die Hauptarbeit für Sie übernimmt und Sie sich zunächst mit sich und Ihrem Sitz beschäftigen können.

Sie reiten von der kurzen Seite aus im ruhigen Trab an. Wenn Sie ungefähr 10 Meter vor dem Sprung sind, können Sie angaloppieren – das Ganze im leichten Sitz.

### Geradeaus und im ruhigen Galopp

Der Weg auf den Sprung hin sollte möglichst gerade sein – natürlich dürfen die Herren Sloothaak und Beerbaum auch einmal von der Seite drauf zu. Aber die können es. Sie noch nicht, und darum richten Sie vor dem Sprung Ihr Pferd ganz gerade aus, so daß es genau auf die Mitte des Sprunges zugaloppiert. Lassen Sie Ihr Pferd das Tempo sich ruhig selbst suchen, je weniger Sie es behindern, desto besser wird es klappen, was konkret heißt: Lassen Sie ihm genug Luft. Spätestens die nächste Bande wird es stoppen, demnach können Sie ganz vertrauensvoll die Hand aufmachen. Natürlich sollten Sie die Zügel nicht ganz wegwerfen, aber in diesem Fall ist eine zu lange „Fahrleine" besser als ein Ruck im Pferdemaul.

### Hosenboden vom Sattel, Oberkörper nach vorn

So – das Pferd ist abgesprungen. Lassen Sie sich von der Bewegung mitnehmen – lüften Sie Ihre Sitzfläche noch etwas aus dem Sattel, aber bitte schön: Gründeln wie eine Ente nach dem Prinzip „Köpfchen in das Wasser, Schwänzchen in die Höh'" ergibt nicht den richtigen Springsitz. Gerade soviel Luft zwischen Hosenboden und Sattel, daß Sie keinen Schlag bekommen, wenn's wieder abwärts geht und Sie wieder leicht in den Sattel zurückfinden. Die Knie sind der Dreh- und Angelpunkt beim Springen, sie gehören fest an die Pauschen des Sattels. Wenn Sie ein Blatt Papier zwischen Knie und Pausche klemmen, sollte es nach der Landung noch da sein. Wenn Sie etwas Übung haben, sollten Sie übrigens ein paarmal ohne Bügel springen – Sie werden dabei Ihren Knieschluß schulen.

Der Oberkörper beugt sich leicht nach vorne – jetzt dürfen Sie sich gerne auf dem Mähnenkamm des Pferdes abstützen (Kleiner Tip: SLB pflegte dereinst die Hände flach an den Pferdehals zu legen und die Daumen über dem Mähnenkamm zu kreuzen.) – und schon ist es vorbei. Ihr Pferd ist gelandet, Sie können wieder in die Ausgangs-Position „leichter Sitz" zurückkehren.

*Im leichten Sitz entlasten Sie den Pferderücken und schonen Ihre Kehrseite*

Der Reiter bleibt hinter der Bewegung zurück, zu starke Belastung der Vorhand bei der Landung

Der Reiter befindet sich vor der Bewegung, wieder erfolgt eine zu starke Belastung der Vorhand

Der Reiter geht gut mit der Sprungbewegung mit, beide – Reiter und Pferd – befinden sich im Gleichgewicht

### Klassische Fehler

Zwei typische Fehler beim Springen können Sie am besten durch Feeling vermeiden:

#### Vor der Bewegung

Wenn Sie dazu neigen, vor der Bewegung zu sein, als wollten Sie noch etwas schneller abspringen als Ihr Pferd, belasten Sie die Vorhand Ihres Pferdes übermäßig und hindern es am flüssigen Springen. Bleiben Sie gelassen: Das Pferd soll springen, nicht Sie! Sie sollen sich ganz entspannt von der Bewegung mitnehmen lassen.

#### Hinter der Bewegung

Sollten Sie aber zu denen gehören, die eher hinter der Bewegung sind: Sie haben wahrscheinlich noch ein wenig Angst. Sie bleiben sitzen, bis das Pferd abgesprungen ist und werden dann ruckartig mitgerissen. Ihnen ist die ganze Angelegenheit noch etwas seltsam, weshalb Sie sich auf den Sprung noch nicht so richtig einlassen wollen. In Ihrem Fall hilft ebenfalls Entspannen und vielleicht ein wenig Reiten über Cavalettis, was Ihnen mehr Balance und Sicherheit gibt.

### Noch zwei Tips

Zwei Dinge sind noch ganz wichtig: Bitte bemühen Sie sich, Ihrem Pferd nie einen Ruck im Maul zu verpassen. Das Springen ist ein Gefallen, den das Pferd Ihnen tut, und den sollten Sie belohnen. Zum zweiten: Wenn Sie merken, daß Ihr Pferd noch nicht so recht weiß, wie es abspringen soll, versuchen Sie bitte nicht, die Bremse zu ziehen. Dann geht's in fast allen Fällen vollends schief. Machen Sie lieber etwas Tempo – die meisten Pferde springen aus einem leicht erhöhten Grundtempo besser und lieber.

*Ludger Beerbaum zeigt auf It's Me wie der perfekte Sprung aussieht*

## Stilistisch schön übers Hindernis

Und wenn wir schon am Thema sind, können wir auch gleich über „Stil“ reden. Beim erstenmal kommt es noch nicht so sehr darauf an. Aber in der Folge ist es kein Schaden, wenn Sie sich gleich den richtigen Springstil angewöhnen.

### Der korrekte Springstil

Für den gilt: Augen nach vorne, Rücken gerade, die Arme liegen seitlich an (nicht abspreizen!), die Hände und die Zügel bilden eine ungebrochene Linie zum Pferdemaul, die Schenkel sollten möglichst in der Position bleiben, in der Sie auch beim „normalen“ Reiten liegen, der Absatz ist nach wie vor tief.

Um Ihnen zu einem Gefühl für den richtigen Stil zu verhelfen, gibt's hier einige Abbildungen zum stilistisch schönen Springen:

Eine Hilfe kann übrigens sein, wenn Sie sich nach einigen Springstunden mit einer Videokamera filmen lassen. So sehen Sie, woran Sie zu arbeiten haben. Konzentrieren Sie sich dabei übrigens immer erst einmal auf einen Fehler. Wenn Sie also sehen, daß Sie vor allem dazu neigen, die Hände hoch zu nehmen, ist das Ihr erster Ansatzpunkt. Klappt das, können Sie an Ihrer Schenkellage arbeiten und so weiter. Bitte bedenken Sie: Springen erfordert, auch wenn es so leicht aussieht, einige Übung. Aber es schult generell Ihre Balance und gibt Ihnen mehr Sicherheit im Sattel.

# ENDLICH INS GELÄNDE

***Beim Geländereiten in der Abteilung geht's paarweise auf eine Pferdelänge Abstand***

Sie haben das erste Ziel Ihrer Wünsche erreicht: Sie dürfen endlich ins Gelände. Jetzt werden Sie erleben, wie selbst verschlafene, altgediente Schulpferde aufwachen, wie munter mancher, dem Sie in der Halle jeden Schritt einzeln raustriezen mußten, vorwärts marschiert, Sie werden tief durchatmen und sich fühlen wie der König – so ging es uns jedenfalls, und unter uns gesagt: Uns geht es heute, nach Jahren, noch so, wenn wir ins Gelände reiten. Keine Halle, kein noch so toll überwundener Parcours und keine noch so gelungene Dressurlektion können Geländereiten ersetzen. Es ist für uns immer das eigentliche Ziel gewesen, und auch wir halten es mit dem Satz, der in den „Richtlinien für Reiten und Fahren" über dem Kapitel Geländeausbildung steht: „Erst wenn der Reiter sein Pferd im Gelände beherrscht, beherrscht er es ganz." Reiten draußen ist die unumstrittene Königsdisizplin und das, was daher auch den meisten Reitern am meisten Spaß macht.

## Zuerst auf den Reitplatz

Der allererste Schritt: Reitplatz. Raus aus der Halle, an die frische Luft. Sie werden hier schnell merken, daß Ihr Pferd aufmerksamer wird, daß selbst Routiniers unter dem Sattel mehr auf die Umgebung achten. Lassen Sie

## AUS DEM TAGEBUCH

### SLBs erstes Geländesolo:

**Chamissa, oder wie ich lernte, was „xx" bedeutet**

Es war ein herrlicher Frühlingssonntag, als ich neiderfüllt Freund Werner beim Satteln zusah. „Ich reite aus!" verkündete er, und ich dachte: „Ich will auch!" Anscheinend sah man mir den Wunsch an – Werner sagte: „Frag doch mal den Chef, ob du nicht mitdarfst!" – „Glaubst du, ich kann schon?" – „Frag halt!" Ich trabte los, fand unseren Stallchef, der sich kurz am Kopf kratzte und dann meinte: „Ja, klar – warum nicht? Nimm die Chamissa, die kennst du ja ..." Ich glaube, ich habe den Rekord im Schimmelputzen und Satteln gebrochen!

Schon eine Viertelstunde später folgte ich – stolzerfüllt! – auf der kleinen Chamissa dem schlaksigen Kumpan. Der Wallach schritt munter aus – und ich dachte plötzlich: „Naja, ist ja kein Schaden, wenn man zum ersten Versuch ohne Abteilung ein ruhiges Pferd hat – aber muß es denn gerade die stinkfaule Chamissa sein?" Bis wir über den ersten Hügel waren, war ich schon in Schweiß gebadet, weil sich die Kleine auch im Gelände erstmal jeden Schritt einzeln rauskitzeln ließ. Als Werner antrabte, hatte ich richtig zu tun, mit Chamissa dran zu bleiben. Aber schön war es! Lauer Frühlingswind in der Nase, freundlich grüßende Spaziergänger – ach, ging's mir gut! Und war ich mutig! Auf der dröhnenden Holzbrücke über den Bach? Kein Problem für Chamissa und mich. Über die Bundesstraße? Ja, warum denn nicht? Chamissa latschte halt ein wenig, aber sonst waren wir sehr einig. So einig, daß ich Werners Vorschlag für einen kleinen Galopp bergauf zwischen zwei Obstwiesen mit dem Satz: „Aber warte oben auf mich!" annahm.

Und dann, angaloppieren, leichter Sitz ... und unter mir wachte jemand auf. Chamissa ging ab wie eine Rakete – an Kumpan vorbei, in großen Sprüngen den Weg hinauf. Einen Moment war mir mau, und ich dachte: „Hilfe, wo rennt die wohl hin?" Doch dann war's wundervoll. Mir war klar, daß sie nicht „durchgeht", sondern einfach munter ist. Wir kamen bestimmt einige Längen vor Kumpan oben an, worauf die routinierte Chamissa in den Schritt fiel und sich nach dem Wallach umschaute.

Und als ich nachher zu Hause erstaunt sagte: „Joi, ist die schnell geworden!", zeigte unser Chef auf ihr Boxenschild, auf dem als Vater der Stute Chamisso xx ausgewiesen war. „Das xx steht für einen Vollblüter – ein Rennpferd. Im Gelände fällt's der Kleinen immer ein ..."

sich davon nicht ängstigen, – Sie werden schnell lernen, im Gelände etwas schneller als in der Halle zu reagieren.

**Und wieder: Bügelriemen und Kappe**

Übrigens: Für die ersten Ausritte sollten Sie sich von Ihrem Reitlehrer auch wieder den Bügelriemen um den Pferdehals legen lassen. Um noch einmal die „Richtlinien für das Reiten und Fahren" zu zitieren: „Sehr empfehlenswert ist es, für das Geländereiten einen Bügelriemen um den Pferdehals zu schnallen. Es ist besser und reiterlicher, beim Klettern und Springen in diesen Halsriemen zu fassen, als sich am Zügel festzuhalten und somit sich in das Pferdemaul zu hängen." Da wollen wir dem Verband nicht widersprechen. Und natürlich wollen wir gleichfalls seiner Empfehlung folgen, auch draußen – ob im Gelände oder auf dem Reitplatz – eine splittersichere Kappe aufzusetzen.

Außerdem empfiehlt es sich, die ersten Versuche im Gelände in einer Abteilung zu unternehmen. Unter der Führung des Reitlehrers können Sie entspannen – er wird aufpassen, daß seine Schüler und ihre Pferde keine Stampede verursachen, unter seinem gestrengen Auge bleiben auch die ruhig, die sich sonst gerne ein wenig aufziehen.

## Alles easy

So, jetzt erfahren Sie endlich, warum wir bis zum Abwinken leichten Sitz und Leichttraben gepredigt haben: Im Gelände wird nämlich *grundsätzlich* leichtgetrabt. Und ein Galopp im Gelände wird grundsätzlich im leichten Sitz geritten. Draußen kann es nämlich Bodenunebenheiten geben, draußen entwickeln die meisten Pferde mehr Schwung als in der Halle, und darum ist es für Roß und Reiter bequemer, wenn alles im leichten Sitz geritten wird. Daß allerdings zum Durchparieren eingesessen wird und im Trab immer wieder die Hand zu wechseln ist, müssen wir wahrscheinlich nicht mehr extra erwähnen, oder?

Ansonsten sollten Sie öfter die Hand wechseln und nur auch weichen Böden und nicht zu lang an einem Stück Tempo reiten. Die Pferdebeine werden es Ihnen danken. Und auf Bummelstrecken im Schritt lassen Sie die Zügel ruhig lang, damit sich Ihr Pferd wohlig strecken kann.

## Bergauf und bergab

Zum Reiz des Reitens draußen gehört es auch, daß Pferde viel geländegängiger sind als jeder noch so gute Geländewagen. Matsch, vor dem er kapitulieren muß, ist für das Pferd ein geringes Problem. Wasser läßt sich auch mehr oder minder mühelos durchqueren, und den Abhang, den ein erfahrener Reiter mit dem Pferd nicht überwältigen kann, muß man wohl erst in den Hochalpen suchen. Solang's nicht senkrecht nach unten geht, ist die Kletterei mit einem geübten Pferd zu schaffen – allerdings sollten Sie das nicht gleich ausprobieren.

***Anke und Panthero beim Bergabreiten***

Üben Sie lieber erst einmal bergauf bei einem „handlichen" Neigungswinkel. Keine Frage: Es geht erstmal im Schritt beziehungsweise es geht in dem Tempo, in dem ein vernünftiges Pferd den Hang ersteigen würde, wenn Sie nicht draufsitzen würden. Überlassen Sie die Wahl des Tempos ruhig Ihrem Pferd. Doch machen Sie die Knie zu: Manches erklimmt einen Hang gerne mit einem flotten Galoppsprung.

Ihr Job ist es, das Pferd *vorher gerade zu stellen.* Bergauf und bergab wird grundsätzlich senkrecht angeritten, um die Gefahr des Abrutschens zu mindern.

**So geht's bergauf**

Wenn Sie also vor dem Hang stehen, richten Sie Ihr Pferd in gerader Linie aus, gehen mit leicht vorgeneigtem Oberkörper (ja, nun dürfen und sollen Sie in den Bügelriemen um den Pferdehals greifen) in den leichten Sitz und lassen dem Pferd die Zügel. Übrigens kann es durchaus vorkommen, daß Ihr Pferd an einem Hang unterwegs antrabt – stören Sie sich nicht dran, es holt eben Schwung für die letzten Meter, und in den meisten Fällen geht es dann oben selbst wieder im Schritt weiter.

**So geht's bergab**

Bergab geht nicht viel anders als bergauf: Solange der Neigungswinkel des Hangs nicht so steil ist, daß Sie das Gefühl bekommen, sich gleich mitsamt Ihrem Pferd zu überschlagen, können Sie im leichten Sitz abwärts reiten, wobei Sie sich aber nur wenig vorlehnen.

Auch dabei ist es wichtig, daß Sie den Hang senkrecht anreiten und sich nicht im Zügel festhalten. Wenn Ihnen die Knie im leichten Sitz etwas wackelig werden, dürfen Sie sich gerne am Mähnenkamm des Pferdes abstützen.

***Bergauf sitzt Anke im leichten Sitz und entlastet damit Pantheros Rücken***

## Die Vertrauensfrage: Wasser

Es gibt Pferde, denen es piepegal ist: Sie marschieren unerschrocken und unbekümmert durch jede Pfütze und durch jede Furt. Es gibt aber auch eine ganze Reihe von Pferden, die zögern oder geradezu wasserscheu sind. Schimpfen Sie nicht, wenn Sie ein solches Pferd erwischt haben, sondern denken Sie im Gegenteil daran, daß Sie eines unter sich haben, das ausgesprochen *normal* und schlau reagiert. Seine Instinkte funktionieren nämlich sehr gut (was Ihnen in anderen Fällen sehr zu gute kommen kann), und die sagen ihm, daß vielleicht in einem Wasser, dessen Grund nicht einzusehen ist, gefährliche Stolperfallen lauern. Ergo ist es vorsichtig – und das ist gut so. Lassen Sie ihm also genügend Zeit, bewahren Sie die Ruhe, dann klappt es bei Ihnen beiden auch mit dem Wasser.

#### Führungskompetenz bewahren

Allerdings wollen Sie wahrscheinlich trotzdem nicht im Bogen um jede Pfütze reiten, und hin und wieder ist da auch mal ein Bach zu durchqueren. Folglich müssen Sie mit Ihrem Pferd durch. Dann ist es eine Frage des Vertrauens. Ist Ihr Pferd nämlich der Ansicht „Wenn der da oben das will, dann wird es schon in Ordnung sein!“ wird's losmarschieren. Zweifelt es aber an Ihrer Führungskompetenz, bleibt es stehen. Das gilt nicht nur bei Wasser, sondern generell bei allem, was im Gelände problematisch werden kann.

Die erste Order für Sie: Keep cool! Wenn Sie schon vor der Pfütze im Gedanken „Huch, jetzt bleibt er gleich stehen und zickt!“ die Knie und die Schenkel schließen, dann machen Sie Ihr Pferd erst richtig aufmerksam. Es denkt dann wahrscheinlich: „Oh – was ist das denn? Mein Reiter wird ängstlich, da muß ich mich also auch aufregen ...“

Der „Trick“ guter Geländereiter liegt darin, daß sie generell sehr gelassen sind und an alles mit dem Vertrauen „Wir schaffen das schon!“ herangehen. Für Sie als Anfänger ist diese Einstellung natürlich schwierig. Aber: Sie sind anfangs in der Abteilung. Vertrauen Sie einfach dem, der an der Tête ist. Er wird Sie nicht in Situationen bringen, die Sie gefährden. Folglich können Sie locker sitzen und so wird Ihr Pferd ebenfalls cool bleiben.

#### Mit Geduld ans Ziel

Wenn Sie aber doch ein so ängstliches Hascherl unter dem Sattel haben: Nicht strafen! Reden Sie Ihrem Pferd gut zu, bleiben Sie jedoch in Ihrem Vorsatz, daß es jetzt durch und nicht um die Pfütze geht, beharrlich. Es ist *Ihr* Wille, der zählt. Sie wissen, daß in diesem Wasser keine Pferdehuffresser lauern, Sie wissen, daß der Untergrund trägt, also geben Sie vor, daß es da jetzt durch geht! Sie tun es mit Nachdruck, indem Sie die Schenkel anlegen und ein aufforderndes Wort sagen – Sie tun es, indem Sie geradeaus reiten. Weicht Ihr Pferd trotzdem aus, dann drehen Sie um und probieren es noch mal – und das Ganze solange, bis es klappt. Manchmal werden Sie einen ganz schön langen Atem brauchen – aber in solchen Situationen gilt: Der Klügere gibt *nicht* nach.

## Springen

Zum Springen im Gelände gibt es kein allgemeingültiges Schema. Es gilt, daß alle Hindernisse möglichst auf gerader Linie angeritten werden und daß Sie Ihr Pferd möglichst entlasten und ihm nicht ins Maul fallen. Ob Sie nun aber mit Tempo und Nachdruck oder vorsichtig anreiten, hängt vom Hindernis, den Bodenverhältnissen und von der Art Ihres Pferdes ab.

Gerade Geländereiten ist eine Gefühlssache. Mit jedem gelungenen Geländeritt bekommen Sie Erfahrung und Sicherheit Und wenn es einmal nicht so optimal gelaufen ist – denken Sie daran: Auch Pferde haben Launen und ihre guten wie auch schlechten Tage. Ebenso wie Sie. Am nächsten Tag kann es schon wieder ganz anders aussehen. Lassen Sie sich nie entmutigen – das „Auf und ab" gehört zum Reiten und macht vielleicht sogar einen Teil des besonderen Reizes im Umgang mit dem vierbeinigen Partner aus.

***Jürgen und sein junger Landioso-Sohn führen den stilistisch makellosen Geländesprung vor***

# REGISTER

Die neue FALKEN Ratgeberreihe für den Reiter erscheint unter der Herausgeberschaft von Olympia- und Weltcupsieger Ludger Beerbaum. Fachwissen für alle Reiter und Pferdefreunde in ausführlicher und exzellenter Form aufbereitet.

Bereits erschienen:
Gangpferde (Nr. 4716), Fit im Sattel (Nr. 1556),
Reiten im Bild (Nr. 4847), Reiten im Gelände (Nr. 4792),
Ich will reiten lernen (Nr. 4797),
Junge Pferde selbst ausbilden (Nr. 4845).
Die Reihe wird fortgesetzt.

Zum gleichen Themenbereich sind im FALKEN Verlag erschienen: Pferde (Nr. 4186), Reiten (Nr. 2322)

Diese Buch wurde auf chlorfrei gebleichtem und säurefreiem Papier gedruckt.

Die Deutsche Bibliothek – CIP-Einheitsaufnahme

**Reiten für Einsteiger** / Sibylle Luise Binder ; Gefion Wolf. – Niedernhausen/Ts. : FALKEN, 1997
(Ratgeber für Reiter)
ISBN 3-8068-4871-8
NE: Binder, Sibylle Luise; Wolf, Gefion

ISBN 3 8068 4871 8



**Umschlaggestaltung:** Peter Udo Pinzer
**Layout:** Sisters, Offenbach
**Satz, Graphische Gestaltung und Herstellung:**
Sofia Flandergan-Reichert, Salzgitter
**Bild- und Textredaktion:** BOOKS & MORE,
Monika Zilliken, Wiesbaden

Gedruckt und gebunden in Großbritannien bei
Butler & Tanner Ltd

**Bildquellennachweis:**
**Titelbild (U1) und Rückseite (U4): Edgar Schöpal,** Düsseldorf
**Deutsche Reiterliche Vereinigung (FN),** Warendorf: /Hoffmann: S. 13;
**Gestüt Birkhof, Familie Caspar:** S. 21;
**IBIS BILDARCHIV,** Bergisch Gladbach: /Hans D. Dossenbach: S. 4 u., 24 u., 28 u., 36 o., 114/115, 121, 143; Monika Dossenbach: S. 117; /Naturfoto Hans Kuczka: S. 4 o., 10, 29 u.li., 43; / Peter Weinmann: S. 20 Mitte;
**Krämer Pferdesport,** Hockenheim: S. 33, 35 Mitte und re. (2);
**Lothar Lenz,** Cochem: S. 2/3, 8/9, 11 o., 12, 14 u., 26, 27, 28 o., 29 o. re., 30/31, 34, 44, 48 u., 58, 59, 64, 116, 118, 126, 127, 128/129, 131, 140;
**Edgar Schöpal,** Düsseldorf: S. 1, 5 (2), 7, 14 o., 29 o. re., 32 u., 48 li., 51 (29, 53 u., 55, 56/57, 60, 61, 70, 76 (4), 77 (4), 78, 79 u., 80, 81 (3), 84/95 (4), 88/89, 92/93 (4), 94 (3), 96/97 (4), 98 (2), 99 (2), 101 (5), 102/193, 2110, 111(2), 119 o. und Mitte (7), 120 (3), 122 (2), 124 (3), 125 (2), 130, 136;
**SORRELL,** Ebersbach: S. 16/17, 20 o., 20 u. li., 20 u. re., 22, 24 o., 29 o. li., 142;
**Thomas Zimmermann,** Köln: S. 6;
**FALKEN-Archiv:** /Volker Greiner, Großbottwar: S. 39 li. Mitte; /Krämer Pferdesport, Hockenheim: S. 39 li. o., 39 li. Mitte; /Edgar Schöpal, Düsseldorf: S. 38, 40/41, 46/47 (5), 47 u., 49 (4), 50 o., 50 Mitte (2), 52/53 (8), 54 (5), 55 o., 55 u. (3); /Alexander Schuhmacher, München: S. 39 re. o.; /Studio Team/Wolfgang Zöltsch, Langen: S. 35 o., 36 u., 50 u. (2), 62/63, 66 – 69 (9), 71 – 73 (6), 86, 87 (2), 133, 135 o.

**Zeichnungen: CV & L/Kurt Dittrich,** Wiesbaden: S. 38, 90, 93, 95, 105, 107, 110, 112, 113, 122, 124, 134.
**FALKEN-Archiv:** / CV & L/Kurt Dittrich, Wiesbaden: S. 23, 25, 37, 47, 79, 82 u., 83 u., 84 o., 86 Mitte, 91, 97, 100, 101, 106; /Alexander Schuhmacher, München: S. 82 o., 83 o., 86/87 o.



**Gesamtkonzeption:** FALKEN Verlag, D-65527 Niedernhausen

817 2635 4453 6271